小尾俊人日誌

1965-1985

小尾俊人
Toshito Obi

中央公論新社

目次

まえおき
──『小尾俊人日誌』について……005
加藤敬事

小尾俊人日誌……013

解説対談
『小尾俊人日誌』の時代……255
市村弘正　加藤敬事

おわりに……305
市村弘正

関連年譜……307

まえおき
―― 『小尾俊人日誌』について

　みすず書房の創業者、小尾俊人は2011年8月15日、奇しくも敗戦の日に没した。小尾の尊敬してやまなかった丸山眞男も15年前の同じ日に没している。享年89、没後、膨大な「日誌」が遺されているのが見いだされた。自らナンバリングを施したB5判のいわゆる大学ノートは196冊にも及ぶ。「日誌」は1961年7月13日に始まり、1997年6月に終わる。しかし、61年から64年12月31日までの4年間はわずかに3冊、4冊目から154冊目の1985年12月28日までの150冊が「日誌」の核心的部分をなしている。

　最初の3冊は時に思いついて記されたメモ程度である。それが1965年に入ると「業務日誌」のように、日々の事項が記されるものとなる。初めは忙しい業務の備忘のためであったろうか。それが更に徐々に一つの「記録」を含むものに変容していくのであるが、その変容は、丸山眞男の仲介で知り合った藤田省三と、この年、急接近したことに始まると言ってよいであろう。その時、藤田は雑誌『みすず』に「維新の精神」の連載を始めた。最初のうちは藤田からの電話の事実のみ書きとめられているのであるが、その頻度が尋常ではなく、やがて通話内容も、発言内容も記されることとなる。この時期、丸山と藤田の関係が急速に緊張の度を増していく時期にもあたり、自然と「記録」はこの二人を中心に展開することとなっていく。他の大部分は通常の「業務日誌」であることに変わりはないのだが、この二人についてだけは細大漏らさず「記録」されるのである。本書はその部分の翻刻である。

　この「記録」は正確である。録音テープが遺されたケースで比較するとそれが分かる。ただ、なにぶん話を聞きながらの筆記なので、おしゃべりな丸山が興に乗ってしゃべり始めると筆記が追い付かず、文

字が乱れて判読不能の部分もあるのは致し方ない。それほど懸命の稀有の「記録」なのである。小尾が電話の受話器を耳に押し当てながら、そこから聞こえてくる内容を必死にノートに書き留めようとしていた姿が目に浮かぶ。

記録された1965－1985年の20年は、ちょうど加藤のみすず書房入社から、小尾が第一線から退き始めた時に当たっている。この20年にわたって、丸山・藤田の二人をめぐって、みすず書房を一つの舞台にして起こったことの全てについて、加藤は「見る」ことのできる特権的な位置にあった。一方、同じ時期、市村弘正は藤田の身辺にあり、その紹介で雑誌『みすず』の筆者となり、1987年にみすず書房から最初の著書『「名づけ」の精神史』が加藤の手によって刊行される。ここに記録された20年の事実について語るには、2人は絶好の位置にあったと言ってよいであろう。むしろ記録された時期から4，50年の時を経て、記述を読み解き、語れる者のいなくなることが危惧されるとすら言えよう。なにしろ一見したところ一行一行の記述は、意味不明の符号のようにしか見えず、その隠れた意味を「発見」するのには、われわれですら時間を要した。それくらい「発見」も多かった。

20年間のノート150冊のうち残念ながら2冊が欠けている。それは小尾が退職後、著書を執筆する際に参照して戻されなかったものと考えられる。もう一つ残念なのは、藤田が1967年にイギリス、シェフィールドで過ごした時期、小尾に頻繁に手紙を送っていることがノートには記されているが、その手紙が見いだされないことである。小尾は藤田追悼のおりに、その一部を引用しているので存在したのは確かである。藤田の思想史から精神史への転換の時期に当たり、藤田自身の証言としてきわめて貴重であろうことは確かであるし、帰国後の行動の一つの説明にもなっていたであろう。

これは「小尾日誌」の全容ではない。「日誌」の最大の特徴である丸山・藤田に関する記述を集成した「記録」である。この「日誌」の復元をほぼ終える頃になって分かったことがある。みすず書房が新社屋に移転したのちの2018年春、小尾に関連する資料が小尾家から、

この新社屋の1室に移された。段ボール箱40箱ほどもあろうか。それを調べていて、「日誌」の丸山・藤田に関する部分が、小尾の手によってコピーされた、その束を見出した。内容は、ここに復元したのとほぼ重なるものと言ってよいが、コピーは1970年3月に始まり、明らかに丸山を中心とし、藤田は丸山と関わる限りで採られている。ご丁寧なことに、難読の箇所を新たに原稿に書き改めたものさえ添えられていた。小尾自身、この記録の価値を認識し、小尾の視角から整理し、何らかの形で残そうと準備していたのである。

中国の人形芝居の屋台の対聯に「舞台小人間、人間大舞台」とあったそうだが、人間は中国語で世間だから、「舞台は小さな世間、世間は大きな舞台」といった意味であろう。みすず書房を舞台に展開される丸山と藤田の間のヒリヒリするような感情のドラマも、まさにこの時代の転換をも映していたのであろう。

記述の内容について、その時代背景について、解説を兼ねた市村・加藤の対談を付した。この「記録」から見えてくる「時代」を、見えるがままに語ろうと思う。

加藤敬事

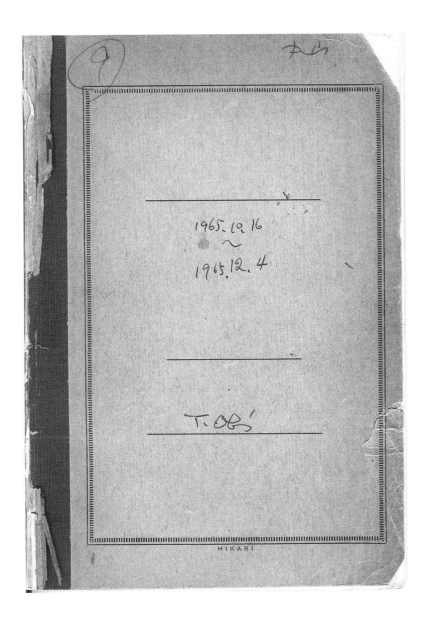

1965. 10. 16
～
1965. 12. 4

T. OG

丸山先生のひと。　　　68-10-22

何庄紐の多そくとかがある。

役犯し　する白いとこつて　（多ずか今）
こん、ぃ股的Ⅱ心々あゝぃすね。

（Natural を他句，かやじの仗から．人向幼をゆ心）
　　　　傾向　　　　時

幼をは　择摸仞を．Marxism 知を あのだつた。

何えば．っゝれ技るるるなとの思から 甲ん刁けたか。
　　　政治思想史

といおく 巳空かつつぬ，まるゝ乱隆していつた。
仝く４ぴヘ一伏だつた。恢りつ侶るつをよ乁っ
一寸する所ちかって，卫壬ゝ ぬく，まつ そこう疼
をゆゝ８つだる，　　　南菜武
　　　あう

和辻 から敘かつてこと。(ぼゐfe刕)
　子実としこの言识，
　子实と言识いゝ言ゝ，
　　役り诺．子宾とぎゑおゝ多行佳とぃつつは すかしい，
　仝佺としこ 抵挔变かあつて，ム十1 今突しとぃ。
　埸ゐ丘ゐ仳 卫孑を冾ゐ白悉。宇竹ねには かゑか
　　　　　　　　　　　　　　　　ぃゐゐ
　としゝ变ぃ，
　和せ とゝゝ垴。
　　　李ゐ诺か

謝辞

　本書『小尾俊人日誌』を、このような形で公刊することについて、ご許可くださった小尾眞氏に心より感謝申し上げます。

　また、この『日誌』公刊の意義をご理解くださった丸山彰氏、藤田春子夫人、藤田裕一氏に感謝申し上げます。

　そして、ここに登場して、歴史的な時代の転換を形作ったすべての人々に、敬意を捧げます。

　本書の公刊という厄介な仕事を引き受けて下さった中央公論新社の郡司典夫氏にも、感謝申し上げます。とはいえ、本書の編集については、編者にすべての責任があることは言うまでもありません。

市村弘正
加藤敬事

凡例

1. 『日誌』はB5判のいわゆる大学ノートに、万年筆あるいはボールペンで記されている。時に赤色のボールペンで記されている部分もあるが、本書では特に区別していない。

1. 横書きで、文字は基本的にカタカナで記されているが、読みやすさを考えて、横書きはそのままとして、ひらかなに改めた。

1. 時に旧かな遣いの所もあるが、それは現代かな遣いに改めた。例：言ふ→言う

1. 人名の表記の誤ったものについては、誤りにも意味があると思い注記したものもあるが、原則として改めた。例：安藤仁兵衛→安東仁兵衛

1. 欧文も多用されるが、走り書きで明らかに誤った綴りも多く、それは改めた。それでも難読のものが多く、直し切れていないものもあろうかと思う。ご寛恕を乞う。例：Cassiler→Cassirer

1. ［ ］内は、編者による補足的な注、あるいは説明である。一般的な事項の説明は避け、本文理解に必要とおもわれる、編者の知る事項の説明に重点を置いた。

1. 全体としては、メモ書きの性質から読みにくいかもしれないが、原形をそのまま再現するように努めた。

小尾俊人日誌

1965

［丸山51歳、藤田38歳］

1. 10	1．藤田氏／中村書店／
15（金）	1．藤田
17（日）	1．Tel. 村田書店、藤田省三、中村書店
31（日）	1．藤田氏
2. 2（火）	1．藤田氏原稿［維新の精神1］　8日朝
2. 8（月）	1．Tel.　三陽社　みすず　ゲラ

　　　　　　　　　　　　　　みすず　新原稿

　　　　　　藤田省三↗

2. 9（火）　1．藤田氏（tel.）

2.10（水）　1．Tel.　藤田氏

　　　　　　1．藤田省三氏（35枚）

2.18（木）　1．"みすず" 4月号

　　　　　　藤田省三—維新の精神2

　　　　　　伊藤武雄—続・黄竜と東風1

　　　　　　Golo Mann—Weber als Politiker

　　　　　　K. Martin—Keynes

　　　　　　大橋［秀雄］—［ある警察官の記録］

　　　　　　小和田［次郎］—デスク日記

　　27（土）　1．藤田氏

［『みすず』3月号「維新の精神」1・2、3は5月号、4は1966年7月号に掲載］

［3.1〜5.2ノート欠］

5. 8　　　　1．藤田氏にとどける。

5.17（月）　1．藤田氏原稿

5.23　　　　1．藤田省三氏　tel. 行くか。

　　31（月）　1．藤田氏　雑誌5月号　［「維新の精神」3］とどける。

6.11（金）　1．Tel.　藤田省三

　　18（金）　1．Tel.

藤田氏　7/3（初め）

24（木）　1．編集会議案

Biography

毛沢東　伊藤武雄

福沢諭吉　　　藤田省三

丸山眞男　　　松沢弘陽

国領五一郎　　犬丸義一

7. 19（月）　丸山眞男氏

1．ベトナムの Guellira Warfare──Carl Schmitt の本
［『パルチザンの理論』1963年刊］でしらべること。

1．芸術家学者の戦後　Conductor, Pianist

Zweig のようなもの

Ivan Denisovich のようなもの

document

Alleg　尋問［書名、アルジェリア解放戦争関連］のもの

東欧の、ムニャチコ

1．西ドイツの批判的なもの

教科書改定、だんだんナチ時代の記述がすくなくなる。

1．戦後のユダヤ人問題（東欧、ソ、ヨーロッパ）

西独　　Arendt

7. 25（日）　1．藤田省三　　現代史、戦後編

8. 23（月）　1．Tel. 藤田

9. 1　　　1．藤田氏

萩原延寿氏。──明治の専門家。英語ができる。

ドア（Dore）とつきあい。

河合秀和

9. 10　　　1．みすず原稿　藤田省三氏

22（水）　月報［『現代史戦後編』］

社会科学と現代史

ノイマンの"政党"研究について　　丸山眞男

1．Tel.

　　　　　藤田省三氏──河合秀和氏の住所　　10時すぎ
　　　　　あす、ゆく。

23（木）　藤田省三氏
　　　　　古在［由重］氏、ウェーバー "インド教" の全訳あり。
　　　　　宗教社会学
　　　　　講座派と労農派の対立と発展

24（金）　1．丸山眞男氏談話速記、はいかが。25日朝スミ
　　　　　　　　コモ湖　世界平和と秩序
　　　　　　　　Raymond Aron

25（土）　1．月報をどうするか。
　　　　　　　　①広告だけにするか
　　　　　　　　②丸山さん　　コモ湖のこと

10.22　　1．週末　藤田省三氏
　　　　　丸山先生の話し　65-10-22［→『丸山眞男続話文集1』「生
　　　　　きてきた道」参照］
　　　　　　　　－松沢弘陽
　　　　　　　　－岡和田常忠
　　　　　　　　－岡　利郎［3人の名は対向頁にある］
　　　　　価値軸の多元化が必要だ。
　　　　　ラスウェルは面白いと思った。（学界紹介）
　　　　　元々心理的関心があるんですね。
　　　　　（Natural な傾向、おやじの時から、人間的な関心）
　　　　　勉強は機構的な、Marxism 的なものだった。

　　　　　──────
　　　　　例えば日本政治思想史はどの辺から手をつけたか。
　　　　　とにかく見当がつかぬ、まず乱読していった。
　　　　　全く千ぺん一律だった。徳川の儒者のをよんで
　　　　　一寸も面白くなかった。岡［義武］さん曰く、まあスコ
　　　　　ラ哲学をやるようなものだな。

　　　　　──────
　　　　　和辻［哲郎］から教わったこと（津田［左右吉］批判）

事実としての意識

事実と意識との違い

　　作り話、事実と違うから無価値というのはおか
　　しい

全体としては抵抗感があった。和辻も分裂している。

―――――

　　津田さんには政治的に同感。学問的にはいやだ、か
　　なわんという感じ。

　　和辻さんとは関係が逆。

和辻の解釈学への緊張感。

和辻さんの"町人道"。根性
　　　　　　　　|
　　　　　　この頃Weberや大塚［久雄］、欧州経済史
　　　　　　序説に感謝した。

　　　　　　米英的資本主義（翼賛会）
　　　　　　　　　　|
　　　　　　　日本のはCapitalismではないという実感。

　　　　　　大島（大蔵省高文top）
　　　　　　　　|
　　　　　　企画院、経済統制。ナチにいかれていた。

　　　　　　見舞に行って大議論になった。

Catholic――政治的 opportunism

Reconstruction in Philosophy［Dewey］　　｜

　　鶴見［俊輔］　　　　　　　　　　　　　　　戦後の感銘

　　清水［幾太郎］

―――――

　　ドイツ観念論―思想史

　　アングロサクソン―政治学

　　［欧文難読］　日本研究

日本思想史研究

　　思想家を問題にするな

日本人の性格

まとめて一つのものにする、その能力。

飛鳥文化──和辻さんの方が正しいと思う。

漢文の Modify 能力

Leica→Nikon　変える能力

Curiosity──知的な──の高さはおどろくべき。

一寸もあぐらをかかない。

Learning への執着

アメリカは働き者というが、問題にならぬ。

イタリア、ボーっとしている、なまけもの。

Modify とは主体的だということだ。

Cultural identity　をこのために失わなかった。

だから中国にもまきこまれなかった。

朝鮮と比較すれば分る。

直輸入ではない。

林羅山でも違っている。

　元気（energy）　学校

　意気（──）

　　気合をいれる。

───────

人口稠密。

耕地少ない。

働かざるをえない。

（粗笨農業ができない）

優秀な中国文明としかるべきキョリもあった

　　朝鮮とポリネシア

いままでの説明

これからは違うであろう。日本文化の将来

───────

Creative な民族とねそべり民族

───────

realism はだめ、symbolism はよい。

（能）

伊勢の外宮は感動的

あれだけ単純で、あれだけ高貴さをもつものがあろうか?

宣長のいう simplicity の持つ高貴さと美しさ（Bruno Taut もいう）

東照宮など問題にならぬ。

伊勢外宮の

Erhabenheit へ

unique ではないか

単純ならソヤになるが

単純で洗練されている。

"古寺巡礼" などに興味を持っていなかった。

"Europe では教会をみて廻ったが。

苔寺など好きだが。"

————

人格的発展をしたいという vanity はある。

Narcisse はないと思う?

————

Pflichteifrigweise 義務付け様

宮沢俊義の文章

modern

丸山　　文体の古風な　漢文的古くささ

資料の Animism ——（古神道的）

神島［二郎］

文体がない（石田［雄］）

労農派　　　　演エキ的→Universal

大内［兵衛］氏　　戦後 CIE の中尉が来て、

大内、井上［清］、……天皇制の意見をきいたが、Yes か No かが分らぬ。

　　　　　　天皇制を対象化していない。

西田哲学　　社会科学的発想はない。

　　　　　　経験から汲む用意がない。

　大島［康正］　あしき decadence

　ムタイ［務台理作］　真剣である。

田辺［元］　論理がキモノを着てあるく。

　　　　　　自己完結的論理。

Bodypolitic　政治体

The Liberty　自由

　｜今はない

　諸自由であり、それは矛盾するものである。

　　　　　内面的自由

　　　　言論―――

　　　　搾取からの――

　　　　恐怖からの――

　諸自由の妥協が政治のありようである

　政治体は永遠になくならない。

　The political power ＼　2重の対立の

　The Freedom　　　／　考えは今ない

　―――――

純粋政治への指向

―変わらぬ目と Ideologie と一緒になる。

Das Politiche を純粋に洗い出す。

　　　運動

いま政治学への体系化への関心もなくなり、思想史は面
白くなってくる。

Politics

Sex、政治、宗教

　　　　｜

　　dynamic

　　　　自己法則　→アメリカでは逆　Betrieb に近づく。

感情にくい入っている

政治の政治経済化する

日常的営為である

Alltäglichkeit

政治の経済化

自然状態と国家状態との弁証法的緊張、

日常的な政治入門を書きたい。

Case Method

Stendhalの「恋愛論」

典型的状況の設定、

leadership　がつよすぎるとどうなるか。

よんで面白く、市民に役立つ。

みていると面白いなという無責任な観察者

（人間喜劇。）

Weber—大塚［久雄］

ドイツのマジメ主義

／終

26（火）　Tel.　藤田——本日から快復。

30（土）　1．Tel. 藤田氏　　　6時すぎ

11.24（水）　1．Tel. 藤田省三　日韓署名を衆議院へ出してきた。

中野好夫　石田雄　藤田省三

28　　　1．藤田氏　　［ロバート・］ベラー批判　2、3日中に

せいりする。

12. 6　　　1．Tel. 藤田

9（木）　1．みすず関係

藤田氏　tel.

10（金）　1．藤田省三氏　1週間内に連絡のこと、

維新の精神のつづきを書く

1．丸山氏　午后、本郷3丁目

12.18（土）　1．藤田氏　tel.

21（火）　1．Tel. 藤田　正月にいくこと、年末迄

1966

［丸山52歳、藤田39歳］

1. 3 　　　丸山眞男
　　　　　　野田良之
1. 5 　　　会社初め
　　　　　　藤田省三　　　680
　　10（月）　1．Tel. 藤田　9日夕6時　子供生れた。
　　　　　　　　　　　11日からかく
1.16（日）　1．藤田省三　　　　　藤田裕一
　　　　　　　　　荻生徂徠
　　　　　　　　　陸　羯南
　　　　　　　　　陸奥文書
　　　　　　　　　蘇峰　新日本の変革
　　　　　　　　　茂吉　文明東漸史
　　23（日）　1．藤田省三氏　　2、3日中に仕上げる
2. 2（水）　1．13：00　丸山先生
2. 3（木）　1．Tel. 丸山先生
2. 4（金）　1．朝、丸山、Tel
2. 5（土）　1．丸山眞男氏との話
2.16（水）　1．Tel. 藤田
2.19（土）　1．Tel. 藤田　月曜の朝、連絡すること。
2.25 　　　藤田　180　Can.
　　　　　　1．夜、藤田省三氏
　　　　　　　　ライエルの本
3. 7（月）　1．Tel. 藤田
3.12 　　　　1．Tel. 藤田
3.24（木）　1．Tel. 藤田
　　25（金）　1．Tel. 藤田
4. 5 　　　　1．Tel. 藤田

4. 12（火）　1．藤田　校正

4. 13（水）　1．藤田

4. 15（金）　1．Tel. 藤田

4. 17　　　　1．藤田

4. 28（木）　1．Tel. 藤田省三　休みあけに仕上げる。

5. 9（月）　1．Tel. 藤田

　　17（火）　1．Tel. 藤田

6. 6（月）　1．藤田　tel/

6. 18　　　　1．Tel. 藤田

　　　　　　　1．夜、藤田　　　○　　　　　　　　（馬場タツイ［辰猪］）

　　　　　　　　　　　　　　　　○有賀　弘

　　　　　　　　　　　　　　　　○河合秀和（イギリス史）

　　　　　　　　　　　　　　　　　Reform of Parliament

　　　　　　　　　　　　　　　　　Bernard Crick

7. 9（木）　1．みすず関係

　　　　　　　　藤田氏tel.

7. 12　　　　1．みすず

　　　　　　　　東洋学。仁井田［陞、6.22死去］氏の学問について。

　　　　　　　　丸山眞男。

　　13　　　　1．藤田省三氏

　　　　　　　　　　単行本の件、

　　　　　　　　　　維新の精神

　　　　　　　　　　安保の関係

　　　　　　　　　　思想の科学

　　　　　　　　　　展望

　　　　　　　　雑誌のきたときに相談すること、

　　14　　　　1．Tel. 丸山

　　15（金）　1．Tel. 丸山　　　9.05

　　　　　　　　　　1、R.R.［ロマン・ロラン］音楽会関係。N

　　　　　　　　響　11/27

2、"みすず"仁井田陞氏追悼座談会
　　　　　　西嶋定生、竹内好、石母田正、丸山眞男
　　　　　　（川島［武宜］さん、飯塚［浩二］さん）
　　　　　　との打診

8. 1（月）　1．編集会議
　　　　　　　維新の精神（藤田）

8. 13（土）　1．藤田氏　本の伝票を起すこと
　　　　　　　　　（ツタンカーメン、真実を求めて）

8. 14　　丸山先生　tel.
　　　〇明治が先である。
　　　〇幕末（志士イコウ集）
　　　　人でやるか
　　　　思想家として大していない
　　　　松陰、梅田、久坂
　　　　事実司馬江漢、高野長英も
　　　　蘭学事始を含める→
　　　　明治ジャーナリスト
　　　　博文、ヤマガタ、加藤友三郎
　　　　陸奥宗光
　　　　ルーズな現代史資料
　　　　①欧州文化の理念
　　　　　　→白石
　　　　②儒学のOrthoritieをひっくりかえした
　　　1．Tel. 丸山
　　　　　1、座談会の件（R.R. 仁井田）
　　　　　2、ソライの件
　　　　　　現代語訳にする。（ほんとう）
　　　　　　にして、注をつける
　　　　　　他のジュシャと違う。
　　　　　　ひっくりかえってよむ。

8. 15（月）　1．藤田氏　社会主義　3.15、4.16関係？

［金子］文子・調書［『現代史資料』「アナーキズム」に収録］

28（日）　29日にすること

　　　　1．Tel.　石田［雄］

　　　　Hannah Arendt, The Origin of Totalitarianism

　　　　訳及び訳者

　　　　1．維新の精神　　見本版　返本　　西原［保、みすず書房製作］

　　　　　　同系の本をしらべる［久野収『憲法の論理』と同じデザインに］

9. 26（月）　1．藤田氏　校正をとどけて

　28（水）　1．Tel.　タトル　H. Arendt の Totalitarianism

　29（木）　1．Tel. 藤田氏　　チクマかんづめ、あと3日位か

10. 9（日）　藤田　180　500　100

　12（水）　1．Tel. 藤田省三

　13（木）　かんづめ旅館の件（藤田　木村［毅］、文明開化）

　　　　　　　　　　　　　　　　　竜明館？

　　　　藤田 "いこま"　713-2826

　　　　　場所　　　原町41

　　　　　16、17、18　三泊　みすず　藤田先生

　15（土）　藤田氏への本

　　　　　○陸羯南、とどける。　"いこま"

　16（日）　1．丸山――

　　　　　1．藤田氏の本。木村毅文明開化

　17（月）　1．藤田さん、本日より "いこま"

　　　　　木村毅 "文明開化" をとどけること

　19（水）　1．藤田省三氏

　25（火）　1．Tel. 藤田氏――11月になるまではHumboldt

　　　　　　　　　　　　　　　になったらいく。

　29（土）　1．藤田

　30（日）　1．藤田

31（月）　1．丸山先生原稿──A. 学校での事件
　　　　　　　　　　　　　　B. 海外留学先の件

　　　　　　　　　　　　藤田氏　Humboldt

　　　　　1．　水曜日にtel すること

　　　　　1．　すいみん薬の件。

11. 3（木）　文化の日.

　　　　　　　1．朝、丸山先生　tel.

　　 4（金）　1．丸山氏原稿入稿→みすず

　 12（土）　1．藤田氏来訪。菓子、持参。

　　　　　　　　　植手［通有］氏の件

　　　　　　　　　外来語辞典

　　　　　　　　　Sheffield の件

　　　　　　　　　Humboldt の件

　　　　　　　　　選び方、Proletariat 的考え方。

12. 5　　　　　1．手紙　丸山眞男先生

　　 8（木）　1．手紙　丸山眞男氏　陸［羯南］の件

　 13（月）　1．Tel. 藤田

　 14（火）　1．Tel. 藤田

　 24（土）　1．Tel. 藤田氏　　　　12時　前後

　 27（火）　1．維新の精神　ゲラ

1967

[丸山53歳、藤田40歳]

1.12（木）　Tel. 藤田省三──10時

15（日）　1．藤田省三氏

A、維新の精神　ゲラ。内村［鑑三］の件。［単行本『維新の精神』に「大正デモクラシー精神の一側面」収録の件］あれでみすずへ

B、英国留学2年ののち、帰国して、みすずに入りたい。

夜間大学の事務なり何なり致したい云々

小生曰く、

1、当方は例無き事故、その積りで、出来る丈け仕事をしやすき状態にしておきたく思う。

但し、帰国されてから、この事で改めて相談し、そのときよろしければ、決定したいと思う。

26（木）　1．藤田省三

30（月）　1．藤田　維新の精神　につき、チクマの了解、をうること［「大正デモクラシー精神の一側面」と「論壇における知的退廃」の収録について］

岡山［猛］氏

新しい中国についての感想

31（火）　1．藤田省三氏

2. 1（水）　1．夕方、藤田先生

新日文、歴研、展望　　とどける

2日中にやる

2. 4（土）　1．藤田氏　3時すぎ

2. 6（月）　1．藤田　ゲラ→三陽社

2.22　　　　1．Tel. 藤田省三　30年代

3. 4（土）　1．藤田省三

3.14（火）　1．藤田ゲラ

［3.25　『維新の精神』刊行］

　31（金）　1．連絡　藤田―オビ　10冊

　　　　　　1．維新の精神　　　伝票をおこす

　　　　　　　　　発送案内に

　　　　　　　　　　礼状をいらぬこと　をいれる

4. 1（土）　1．藤田氏　速達　　　Deutscher

　　　　　　　　　荷風、おかめ笹

4. 7（金）　1．Tel. 藤田省三氏

　18（火）　1．藤田省三氏　　　tel. あり

　　　　　神奈川県中郡大磯町寺坂759

　　　　　大日本殉皇会総本陣内

　　　　　不敬言動審査委員会　　　　から

　　　　　4/21に出頭せよ、維新の精神についてききたし、

　　　　　割判をおしてある（4/14付）

　　　　　今までにも2回ほど来たことあり、今回の抗ギ文、

　　　　　出頭せよ、は初めてである。一般にどうしているか?

　　　　　高橋［正衛、みすず書房編集］曰く。

　　　　　松本清張 "古代史疑"（中公）のときに、きたこと

　　　　　あり。

　　　　　気にいらぬときはガリ版で出す常習犯である。

　　　　　ほっておくがよい。

　　　　　もっと強力なのは、護国団実行隊の石井（弟）で、

　　　　　この兄は安保のときナグリコミで傷害暴行罪を受け

　　　　　た。

　　　　　これが文春経由で松本清張に逢いたしと申出た。

　　　　　日曜の午後、清張の家に来い、ということで、その

　　　　　とき、文春2、講談社1、の若い編集者が出入ひん

　　　　　ぱん。で、和室で逢った。

曰く、書く傾向が怪しからん。

松、僕の方が貧乏暮らし。

曰く、よく分かった、もう来ません、で帰ったよし。

あとで、清張氏の解釈によれば、

"まあ、一応有名で、えらいとされている人が会ってくれた。すなおに会って話した、ということが、彼に、満足を感ぜしめたのではないか?" 云々

小泉［二郎、みすず書房編集］

吉野源三郎氏　　　2つの方法

1）チャランポラン、ズルクやる方法。

2）文書を提出させる方法。

赤尾敏について、当人は最近は変って来ている。当人の暴力はないだろう。

18（つづき）

1．本郷警察署

出頭命令の権利ない者がこれを書く。

これは、事実上の脅迫状ではないか。

丸山先生の意見

もちろん、黙殺がいいにはない。

すぐつけ上るのが右翼である。

返事を出すとすれば、勿論堂々として、やるべきである。

言論には言論をもってせよ、不当な脅迫にはこたえぬ。

ただ、警察に対しては、こういうのが来たけれども脅迫にはならぬか?

という届けをしたらどうか。

日高六郎先生の意見

一応返事は出す。

19（水）　1．右翼の実態把握が必要である（吉田）

右翼の行動を一貫したものと見る。

20（木）　末松太平氏―私の昭和史―の話によれば

公安3課　イガラシ氏（友人）にきくと

あれをやっているのは小早川貞男、1人1党、無気力な仕様ない男である。

野方署の公安に話した。何かあればすぐ電話するように。

絶対に返事を出してはならぬ。つけ上るばかりで仕様ない。

公安→神奈川県警、その話では、小早川は、今迄で見る限り、言いっぱなし、やりっぱなしで、そのまま、ということになっている。

今迄、一番ハッスルしたのは井上清氏のcase。

————

〇みすず、としては、責任をもって。十分の保ごをせねばならぬ。

昨晩方針確立。僕の持味でやる。

かいてもよい。

あなたの言うことは不当である。

言論には言論で答えよ。

この返事自体が異例の処置であるが

どうしても直接会って話したいならば

第3者を立て、テープ、公表する条件で

第3者は法務省人権掛でも、

警察、公安でもよい。

武士の変形、日本人として

古代の罷り出、である。

藤田氏　tel.

丁度、丸山先生よりtel.あり。

右翼からのおどし、呼び出しなどのいろいろな手段に対抗して、それぞれの段階によって、結論が違

う。基準をつくる必要がある。その対策を統一的にするために、右翼からの文書資料を集中したらどうだろうか。右翼からの脅迫に対し、各個人が原始的レベルから対応するのでは"カクラン"されすぎる。宗像［誠也］先生には、学術会議の発言で、大変勇気づけられた、という感謝を伝えて欲しい。

［「出席通知書」コピー添付］

4.22　　1．藤田省三氏

昨晩、野方署より tel. えらく低姿勢で、オタオタの感じ。

警視総監のメーデー協力せよとの異例の訓示によるか（夕刊）

保ゴの趣旨か。

丸山眞男氏　tel. ありしこと、武士のやり方だそうだ

南原［繁］氏（俗物）、古在由重　Bacteriology 独文論文（ペニシリン発見寸前まで）

穂積陳重「慣習と法律」（Maine, Ancient Law）名著のこと。

正統と異端の序論　　　　　　　　100枚

思想理論と権力との関係交錯。

ギボン "Decline of Rome"

イギリス　5/4発。おくさん　8月発。

1年後に辞表を出す。この間の給料で二年分暮らせる。（お母さん）

8月発のおくさんの分、旅費に多少不足あるかも知れぬ。

4.24　　1．竹内好氏来訪

中央公論事件につき、個人名において"みすず"に書きたし、OK。20枚。［「ある抗議の顛末──私と中央公論社との関係」『みすず』6月号］

休みアケ。

"安保"の時の出版社の声明書を送る事。

5. 1　　1．藤田氏

M.Collick 氏へ送る。5 冊　Air Mail

Centre of Japanese Studies

The University、Sheffield, 10, England

掛川［トミ子］さん

　　　江戸時代、chance

"思想の科学"天皇制のもとでのマスコミ→59年、

60年、61

講談社　　20c の先ク者［『20世紀を動かした人々』

15「メディアの先駆者」］　　野間清治（ケッサク）

　　　　　　　　　　　　　　　［掛川トミ子執筆］

　　　　　　　　　　　　　　　○道徳主義的俗物

　　　　　　　　　　　　　　　○雄弁観念

3人、Sympo.　発表の構想をしゃべる。

4日夜　10:30

　　　　　　9:30

5. 4　　1．藤田省三氏　　　　　夜　8時30分　　　羽田

　　　　チクマ　　3分の1で終り［「正統と異端」］

　　　　2日　Sympo.　で全時代にわたった。

　　　　本をとりに来てくれ。

────────────────

4日晩　藤田省三氏　　　北極廻り―Copenhagen―Manches-

ter―Sheffield　　10:30発

送る者　丸山眞男夫妻、石田［雄］、萩原［延

寿］、植手［通有］、河合［秀和］、都築

［忠七］、岩波、チクマ（岡山［猛］、原

田［奈翁雄］）、未来社（松下［松本昌

次］）、現代の理論

ユーチャン、夫人、お母さん

5. 15（月）　1．藤田省三氏印税　英国へ送るについての書類作成。
　　　　　　　　　藤田夫人は6月初めに日本を発つ。

5. 29（月）　1．みすず

　　　　　　　　世界観現象と科学　　　表現の自由の問題
　　　　　　　　キリスト教の問題　Galilei
　　　　　　　　1）ルイセンコ学説
　　　　　　　　2）ナチズムと法学　C. Schmitt, Lenard
　　　　　　　　3）Marxismの問題

　　　　　　　1．藤田さん　住所？　　手紙を書く──本10冊送る。
　　　　　　　　　　　　　　　　　10冊　維新の精神
　　　　　　　　　　　　　　　　　c/o Mrs. Bell
　　　　　　　　　　　　　　　　　164, Kingstone road,
　　　　　　　　　　　　　　　　　Oxford, England

6. 8（金）　1．手紙　藤田

6. 14（水）　1．手紙　藤田省三氏

6. 18　　　　1．掛川トミ子
　　　　　　　　Walzer, Saint in Revolution
　　　　　　　　　　タトルへ
　　　　　　　　H. Arendt, Eichmann ［『イェルサレムのアイヒマン』］

6. 30（金）　1．藤田氏　みすず　送る。

7. 4（火）　1．丸山眞男氏　　戦前の論文集［『戦中と戦後の間』］
　　　　　　　について
　　　　　　　　やるならば、松沢［弘陽］氏が注をつくっている、
　　　　　　　　（岩波、Princeton,［ロナルド・］ドア編の訳か）
　　　　　　　　松沢氏との対談をもう一度。──新しい角度が開け
　　　　　　　るだろう。
　　　　　　　　やるべきか、やらざるべきか。
　　　　　　　　或いはこうも考えられる。
　　　　　　　　全部ハイキして、別に"みすず"に連載して、藤田
　　　　　　　"維新の精神"のような単行本にする。
　　　　　　　　夏には筑摩の原稿（近代日本思想史講座）をどうし

てもあげねばならぬ。

みすず（雑誌）評。岩波の図書編集者に対して、曰く "せめてみすずの1/10のセンスでも" 云々。

西田長寿先生

1. 藤田 "維新の精神"

面白いというより怖い

思想史としての傑作である

政治史としてはもっと曲折があってもよい

最大の逸材であろう

7.21（金）　1. 藤田　アルバイト

8.12（土）　1. 掛川氏原稿　19日→21日

藤田氏　本を買うこと

お母さん、食のこと

第一銀行池袋支店

こちらからもきいてみる

9. 6　　　1. 手紙

藤田→Shozo Fujita

2 Stone Grove, Sheffield 10, ENGLAND

9.11（月）　1. 手紙　藤田

9.29（金）　1. 丸山先生　tel.

長谷川［如是閑］さんの健康について

羯南の号について

［新聞］日本に入ったときいた人の名実

10. 6（金）　丸山　　陸［羯南］

荻生［徂徠］

中江［兆民］

夫々でノートをつくること

10.12（火）　1. 丸山

10.13（金）　1. 丸山　3時前に東大にtel. すること

10.21（土）　1. Tel. 丸山　　徂徠

陸、月報

10.24（月）	1．Tel. 丸山　土曜、2時	
		12：30に人に会ったあとで、みすず
		へ来る
	1．英語版――古事記、日本紀　（丸山）	
		（井上光貞）
	荻生徂徠	
	陸羯南	
28（土）	1．2時　丸山先生　　→「ソライ」のノートを見よ。	
11. 7（火）	1．丸山先生　みすず	
11.20（月）	1．手紙　藤田省三	
11.21（火）	1．Tel. 丸山	
11.30	1．掛川さん	
	28日丸山さんに会った、その事について相談したし	
	土曜日12/2　10時30分	
12.16（土）	1．藤田氏　返事来る。	
12.18（月）	掛川氏	
	1．Hoffer　ホッファー	
	"現代思想の社会学"	
12.27	手紙、藤田さん	

1968

［丸山54歳、藤田41歳］

1.13（土）　1．Tel. 藤田省三　　　　代
　　　　　　　掛川トミ子　①田中［義久］訳　ティリヤキア
　　　　　　　ン［『個人と社会』］の件。

　　15　　　　1．手紙　藤田省三
1.17（水）　萩原延寿氏　Fly-Bottle［『ハエとハエとり壺』］　Ved Metha
1.19（金）　1．萩原延寿氏よりのtel.
　　　　　　　Fly and Fly-Bottle
　　　　　　　　哲学の人　　　　　　　（Ryle, Oxford学派）
　　　　　　　　歴史の人──都築忠七
1.22（月）　1．手紙　藤田さん
2. 1　　　　1．手紙　藤田省三
2. 5（月）　1．Tel. 丸山先生　　午後見える
　　　　　　　　　　　　　　○陸
　　　　　　　　　　　　　　○徂徠
　　　　　　　　　　　　　　○トックビル
　　　　　　　　　　　　　　○思想言論
　　　　　　　1．手紙　　藤田
　　　　　　　1．丸山　　竹山［道雄］氏
　　　　　　　　あなたの立脚点については問題はない
　　　　　　　　か。
　　　　　　　　ご自分だけは正しく、他は誤謬であると
　　　　　　　　いう態度の中に問題はないか。
　　　　　　　　なぜかならば、極左も極右もこの点にお
　　　　　　　　いて共通である。
　　　　　　　　Fanatismus
　　　　　　　陸　帝国主義への離脱　日本主義が、開放
　　　　　　　　の方向を意味したこと、真の日本主義。

　　　　　　　　Alexis de Tocquville
　　　　　　　　　パスカルに似た冷静、選集はよい

2. 6（火）　掛川　　Eric Hoffer
　　　　　　　　　Tocquville──二宮［宏之］

2. 8　　　　掛川　　Hoffer
　　　　　　　　　Tocquville
　　　　　　　　　Franz Neumann
　　　　　　　1．藤田氏　印刷物と手紙

2.10（土）　1．藤田氏　返事

2.13（火）　1．手紙　藤田　　Bonwitt 版権料　10,000（いかん？）

3.18（月）　○藤田省三　みすずを送る［『みすず』3月号、西郷信綱
　　　　　　　　　　　「古典の影」掲載誌］

3.22（金）　1．藤田氏　手紙　原稿を早く。
　　　　　　　　　　　"みすず"3月できたら一緒におくる。

3.23（土）　1．藤田氏よりBonwitt氏の略歴来る。

4. 1　　　　1．連絡　　藤田省三

4. 3（水）　1．手紙　　丸山

4. 6（土）　1．手紙　　丸山

4. 8（月）　1．手紙　　丸山

4. 9（火）　掛川トミ子氏
　　　　　　　1．Arendt, Politics & Truth

4.15（月）　1．手紙　丸山

4.19（金）　1．手紙　藤田

4.25（木）　カケ川さん
　　　　　　　1．Eichmannの題名
　　　　　　　　体制の極限と人間の極限
　　　　　　　　極限における組織と人間
　　　　　　　　試練に立つ人類──極限における組織に直面して、
　　　　　　　　　アイヒマンの場合
　　　　　　　　未来における現在──組織メカニズムの中の人間、
　　　　　　　　　アイヒマンの場合

［最終的には原題通り『イェルサレムのアイヒマン──悪の陳腐さについての報告』となる］

5. 7（月）　1．Tel. 丸山

5.13（月）　1．Tel. 丸山　10時

掛川さん　tel. 8日　丸山さん　3時間位、資料のありかまで話してもらった。随時話にのってくれる。岩波の人を待たしたまま。大学院で荻生徂徠、太平策をやっている。

丸山さん　野田、小林氏に相談の上、今日位返事する。

27（月）　Bonwitt 氏の手紙──藤田氏手紙

28　　　手紙　藤田　みすず送る　Bonwitt

6. 3（月）丸山眞男氏

藤田手紙　Bonwitt 氏の住所

6. 4（火）　1．Tel. 丸山眞男

1．手紙　藤田

6. 6（木）　1．Tel. 丸山

6.21　　　1．Tel. 丸山

7. 1（月）　1．手紙　藤田

7.17（水）　1．Tel. 丸山

7.18（木）　1．Tel. 丸山　10時→12時一寸前

7.24（水）　1．Tel. 丸山眞男

8.21（水）　1．丸山先生

1）海外寄稿　7月初のがのびていてまだできぬ。

2）日本政治思想史の英訳の件が入ってきた。

3）今月一杯どうにもならぬ。

4）9月になったら、どこかへ行ってやるつもり。

5）原稿は、こちらで他の人に先に見てもらい、あとで、9月になってから渡す。

────────

丸山幹治［眞男の父］氏原稿の件

Photoは　1）毎日にある。

２）丸山鉄雄［眞男の兄］にある（コロンビア
芸能社）
兄弟4人の分割

28（水）　１．藤田さん

9. 4（水）　１．丸山

9. 9（月）　１．手紙　　藤田省三

9. 10　　　１．手紙　　藤田

9. 11（水）　１．Tel. 丸山さん

9. 14　　　１．Tel. 丸山

　　　　　　１．手紙　　藤田

10. 6（日）　１．丸山　　ゲラ訂正

　 11（金）　１．手紙　　藤田省三（イギリス）

　 12（土）Tel. 丸山　11:30

　 23　　　１．Tel. 丸山　　陸、オビ

　 24（木）　１．丸山　Tel. 11:45

　 25　　　みすず［陸羯南特集　1968.9―10月号］　丸山8冊

　　　　　　　　　　　　　　　　　藤田　　Air

11. 4（月）　１．丸山　tel.

［11.5『陸羯南全集』1 刊行］

11. 15　　　１．手紙　　藤田省三

　　　　　　１．陸、丸山家2冊

11. 19（火）　１．掛川さん

　　　　　　一般学生は心情的に三派を支持している。

　　　　　　法学部丸山ゼミ学生など、連絡会議、non-sect の集団も

　　　　　　三派を支える独立団体、但し暴力反対では一致

12. 7（土）　１．手紙　　藤田省三

12. 17（火）　大久保和郎　○Eichmann 原稿1月半ば

12. 20（金）（19日）

　　　　　　掛川　昨日の共闘、丸山座談は流れた。今夜あるは

　　　　　　ず、ニューホンゴー会議室（信販ビル）。

それは民青1万動員5千完全武装に対抗防備の
ため、共闘が動けなくなった。学士会館は民青
の占拠する赤門に近いからダメ、安田講堂はど
うか、丸山曰く、自分だけが入るというのはお
かしい、原則をくずすことになる。

東大出版会の部屋はどうか。しかしこれも民青
の出入多し。

20-23（月）まで、当局、東大の話合いがはじ
まる。

そのあと、教育機関
　　　　　研究機関
どうして維持するか。

1969

［丸山55歳、藤田42歳］

1. 6 　石田先生
   1. 教授で党員の多いのは、教育学部、社研—法にはいない。

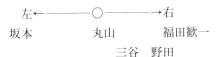

辻［清明］氏の失敗はあとで坂本［義和］路線に引きこまれたからである。
丸山氏との違いは、医学部の処分は誤り（丸山）
　　　　　　　　　　は方法に誤りがあったとしても、処分そのことに誤りはなかった（野田［良之］）
　　　　　　　　　という点で、違う。
暴力を何らかの意味で、学園内の通行を認める考え方は教育者として正しくない。
相手の間違いを正すが、こちらも正す。教師の能力は、問いという形であればよい。
<u>態度</u>が云々は成っていない。
教育の特殊的な、無防備的な特殊地域としておかれている場である。
<u>新聞</u>が、他の社会と同じように記事にしたのは、悪化を促進させた。
暴力がなければ、ある程度の改革は不可能だった、というのは、教育者としての能力と自信の欠乏である。
そういう教授が多い。
なるほど悪かった、云々で、相手のbaseを認め、こちらの立場がない、というのは教育者としてどうか（坂本氏

への批判）

Vietnam についての坂本発言は支持して来たが、これでは疑われる。

大学教授の行政職への野心。俗的な関心。

文部省baseに近づくばかり、いざというときに、教授が連袂辞表を用意すること、それで抵抗することが、できれば、自治の防衛になるが、それが可能だろうか？

過去の大学の死とともに、辞職の意。

　　　　成蹊大学、　　マンションの件

1.20　　　　1．掛川

　　　　　　　〇丸山さんからハガキ

　　　　　　　　明治文庫・責任、法は中核派、ML派、戦場─文化財センスなし、研究資料も施設も×、共闘会議に心情的な同情を持つ諸君に反省を、

1.24（金）　1．掛川トミ子　　　　学内タカ派の盛りかえし。

　26（日）・27（月）1．丸山、　清末［小野川秀美『清末政治思想研究』］、イスラーム［ギブ『イスラーム文明史』］送る

1.29　　　　1．岡［義武］氏　東大法研、四トロ、プロレタリア軍団そろいもの、組織的に盗まれた

　　　　　　　　三谷［太一郎］さん"現代史資料"など15万円

　　　　　　　　渓内［謙］さんComintern Document やられた

　　　　　　1．手紙　　藤田

2.8　　　　1．手紙　大場［奎介］、本を送る、藤田、

2.11　　　藤田さん

　　　　　　　暮れに戻った。

　　　　　　　Sheffield 神経症が出た。（肩）

　17　　　　1．掛川　　法、21日（金）から　丸山、開講。

　　　　　　1．植手　西田

　　　　　　　植手さん、みすずに入りたし　お茶ノ水"　　"にて

①校正でよい、原稿閲読でよい。

②また、Misuzu Seminar に協力もよい。

③給料はそのとき、嘱託料をきめる。

25　　　1．掛川　　丸山先生　昨日　<u>角マル</u>に<u>ラチ</u>された。

3時─5時まで追究された。

講義の部屋のdoorで待伏せされ、文学部
部屋へつれてゆかれ、

“機動隊導入の責任はどうか”

　“私にはその権限はない”

“教授としてその責任をどう思うか”

　　“身体拘束状況では答えられぬ”

“お前は世界的頭脳だそうだが（こんなこ
とが分からぬか）”

“これだけやっても、何もいわぬ、なぐる
か”

　　　ザワザワ、これはしなかった

今日は疲れて寝ている。

21日（金）の講義は妨害で20分だけだった。

“こんな重大なことが分らないで、日本思想が
分るのか?”

掛川、法学部へ連絡に行った。内部からの話に
よれば5時には放すというので、対策として
は、機動隊を入れぬ方がよい。つかまっている
間は、行事の終るのを待った方がよい。

“ヘルメット”数人

26　　　1．大久保和郎

アーレント『イェルサレムのアイヒマン』60頁迄、
3/10にあと全部、

3．5（水）　1．萩原延寿氏

1．丸山氏に藤田氏から手紙行ったよし

1．藤田帰れば、一緒に話そう、

1．中公、編集長の話ありしこと、

16（日）　1．藤田省三氏　帰国、3時着　オランダ航空

　　　　　　　　　　　　出迎、船山［栄一］

　　　　　　　　　　　　家へゆき、萩原延寿と1時すぎ迄。

　　　　　みすずゼミナール

　　　　　場所＝雑誌会館、電通会館

　　　　　日時＝夏より

　　　　　人員＝100名以下

　　　　　ex.　政治学＝丸山、坂本［義和］、京極［純一］

　　　　　　　　経　　　＝大塚［久雄］、内田［義彦］、熊谷尚

　　　　　　　　　　　　夫、玉塩望夫

　　　　　　　　社　　　＝

　　　　　　　　自然科学＝ものの考え方を感じとれる毎に

　　　　　　眼目　政治社会

　　　　　　　　　技術社会

　　　　　　　　　原始社会（第三世界）

　　　　　　　言語論なども

　　　嘱託とす、あとで正式に入る。（とりあえず、報酬様式

　　　でゆく、給与はなくてよい、定期で）

　　　法政は大学状況の変化で、今すぐやめられぬ、やったあ

　　　とで

　　　K. Martin の The Editor のようなものを書きたい。

　　　Gandhi 論（K. Martin　新聞2週間前、NS.

　　　また "Morning Telegraph" に書いた Gandhi 論もよい。

　　　○大場奎介、語学、Serbia 語よし、鹿児島―（東大）―法政

　　　　33-4歳　Yugoslavia で3年半、就職の件、あとでゼミ

　　　　に入れる、OK

18（火）　藤田　Lichtheim, The Concept of Ideology

3.19（水）　藤田　Lichtheim

　　　　　　陸

3.20　　　1．藤田　Concept of Ideology（Lichtheim）

Gandhi

Morning Telegraph のこと

ジャーナリストとしての Gandhi の側面

Gandhi, A personal Assessment, Kingsley
Martin

NS. 31 Jan. 1969

Gandhi について、今迄に Martin の書いたもの
のリスト

べ平連　日高［六郎］さんがまいっている。

なぐさめるすべ。

やめたい。（荒瀬［豊］）

べ平連関係が主体で、大学批判、

名ざしでない日高コーゲキ。

Nervous ブレイク。

地図は変った。

丸山さん、しっかり明るい、断然光る、真白い、ユ
ーモアあり

心電図、わるい、医師は一時的な心不全だと思って
いたが、要注意。

肝臓がはれている。

大学改革案を持つ、壮大である。

4. 8　　1. Tel. 藤田省三　Martin　2、3 日にやる

4. 14（月）　藤田

①K.Martin の件　　→演奏の如し、むつかしい

②現代の問題の所在

未来、著者にきく、語るのに手を入れている。

法政、25 日封鎖。教授会のなか、知的、日本人の特質

教授会　　$\begin{pmatrix} 革新官僚タイプ \\ ヤクザ・タイプ \end{pmatrix}$　　が威張りはじめた

男がすたる、体をはる

　　　　　　　　　　　同じ精神構造である

　　　　　　　　ワイザツである、2年前と違う、タテ看、色がつ
　　　　　　　　き、大きく、廊下、　空間ベタベタ
　　　　　　　　10時―10:30質問、ゲバまではこちら

4. 15　　　1．藤田さん　　　10時にtel.

4. 23（水）　掛川先生→26日には丸山ゼミあり、
　　　　　　　　　　　　5/2のぞましい、

5. 2　　　○藤田　掛川　新訳　5月末
　　　　　　　○Kingsley Martin　5月末
　　　　　　　　　　　　（藤田個人としては）
　　　　　　　　　　　　丸山、大塚、川島（日本的の、
　　　　　　　　　　　　家族的構成）
　　　　　　　　　　　　武田泰淳　司馬遷
　　　　　　　　　　　　竹内［好］　魯迅、日本イデオロギー
　　　　　　　　　　　　石母田［正］　中世的世界の形成
　　　　　　　セミナー　　自分でやるか
　　　　　　　　法政辞表の件、　69年？
　　　　　　　　　　　　70年3月
　　　　　　　　　　　　71年3月

5. 6（火）　1．藤田省三氏　現象学の理念
　　　　　　　　　　　　内的時間イシキの［現象学］　　）各1

5. 8　　　掛川氏　　14日（水）2時　藤田氏
　　　　　　　　テープ3本用意のこと→中山［昭雄、みすず
　　　　　　　　書房編集］
　　　　　　　　12-13日に来社

5. 9（金）　1．丸山　見舞
　　　　　　　　みすず"対話集"［『逆説としての現代』］の件

5. 14　　　藤田　○書評のこと、今度具体的に話す
　　　　　　　　船山栄一氏OK
　　　　　　　　○巻頭言4枚半～5枚

5. 20（火）　1．藤田省三　　巻頭言［『みすず』6月号より連載開始］

5.21　　　　1．藤田氏　書評　京極［純一］氏──高畠通敏
　　　　　　　　　　　　　　F. ノイマン　田中治男
　　　　　　　　　　　　　　S. ノイマン
　　　　　　　　　　　　　　K. レーヴィット　有賀
　　　　　　　　　　　　　　Heidegger　における哲学と政治
　　　　　　　　　　　　　　Autocracy　（ノーマルな形、フハイ
　　　　　　　　　　　　　　　　　　した形）
　　　　　　　　　　　　　　　Violence［アーレント］　　掛川

5.25　　　　1．藤田　　法政内ゲバひどし、リンチ、拷問、傷害や
　　　　　　　　　　　られぱなし
　　　　　　　　　　　丸山眞男よりは赤尾敏の方がよい
　　　　　　　　　　　陰気さ、dry さ、と Zweckmässig との結合

　　29　　　1．藤田　Gandhi　15─20枚
　　　　　　　　　　　巻頭言　ガンヂーについて──友人として──
　　　　　　　　　　　　　　　　キングスレー・マーティン

　　　　　　1．丸山夫人より tel.
　　　　　　　　　　　検査の結果、肝炎、安静を要す。
　　　　　　　　　　　佐々木［斐夫］さんに話した。詳しくはそちら
　　　　　　　　　　　から。
　　　　　　　　　　　結論はOKのようである。

6.3（火）　1．Tel.　佐々木［斐夫］先生
　　　　　　　　　　　丸山さん、会った。2時間半。
　　　　　　　　　　　仕事はできぬ。音楽をきいていた。口が動かぬ
　　　　　　　　　　　ようになる。しばらく、どうにもならぬ。面会
　　　　　　　　　　　謝絶。
　　　　　　　　　　　対話篇、OK

　　　　　　1．藤田さん　　法政、昨日一部解除、緊張の連続
　　　　　　　　　　　　　教授会あり。本日 Gandhi をやる。

6.4　　　　1．藤田氏
　　　　　　　　　　　政治学　総合書評　　　　　　　　植手通有
　　　　　　　　　　　　丸山　　政治の世界

　　　　　　　　ラスキ　Introduction to politics.

　　　　　　　　　　　Defense of politics.

　　　　　　京極［純一］

　　　　　　松下［圭一］

　　　　　　日本思想史関係　　　　東大助、

　　　　　　　　　　　　　　　　　北大助

　　　　　　　　　　　　　　　　　………

6. 6　　　1．Tel. 佐々木［斐夫］先生

　　　　　　　丸山　手を入れないでよい（対談）

6.12（木）　1．藤田

　　　　　　　丸山さん○Furtwängler

　　　　　　　　　　　○アメリカ political Dictionary

　　　　　　　　　　　○Academic Mandarin in Germany

6.13　　　　1．藤田省三氏

　　　　　　　フルトヴェングラー、第九

　　　　　　　Furtwängler, Dokumente

　　　　　　　　　〃　　, Die Musik und die Publikum

　　　　　　　　　　　　　　　丸山さんへ

　　　　　　対談特集　西欧、アジア、日本　　Dore, 大塚久雄

　　　　　　　　　　　外国人留学生による日本観察

　24（火）　1．掛川氏＝藤田　昨晩　10時5分前　11時まで

　　　　　　　　　　　　　　　　　少しすすんだ

　　　　　　Carl Schmitt 新田国男［邦夫］訳　Partisanen の

　　　　　　訳［永井陽之助編「政治的人間」、『現代人の思想』

　　　　　　16、平凡社、1969、所収］

6.30（月）　1．藤田さん　　巻頭言

　　　　　　　今日明日

　　　　　　　学校は封鎖されている。

　　　　　　　毎日、教授会、中止、

　　　　　　　サボリ

　　　　　昨日、丸山先生

一昨日、腹腔中、カメラ、手術、
肝臓の色、変色、表面ザラザラ。
硬変ではコブコブ、全治はしない。今すぐというこ
とはない。
顔色はよい。精神的には、よくなった。
　キョホーヘンは眼中にない、自分の勉強をすべ
　きである、
　数値は下った、平均値 10
　　　　　　　　30 〜
　　　　　GTP……平常

7. 3　　　1．藤田さん
7. 9　　　1．掛川氏
　　　　　　秋元松代
　　　　　　──戯曲集（白水）
　　　　　　村岡伊平次伝
　　　　　　かさぶた式部考（文芸6月号）
　　　　　　常陸坊海尊（牧羊社）
7.11　　　1．Tel. 藤田省三　ゲラの件
7.14（月）1．Tel. 藤田省三　未だ出来ぬ　　二泊三日
　　　　　　北川隆吉軟禁。選挙。
　　　　　　広末保　対談（〔新〕日本文学）
　　　　　　　　　　　　16日夕方まで
　　　　　　17日
　　　　　　野上〔弥生子〕　頭が良すぎる、作
　　　　　　　家より評論家
　　　　　　　知的
　　　　　　作家として真面目なのはよい。
　　　　　　多少、野間宏の如く、あたまの
　　　　　　わるい方がよい。
　　　　　　Noble さがある。
　17　　　1．藤田─────昨日、丸山さん

　　　　　　　スイミン薬を断ったら10日ねむれず。
　　　　　　　ここのところ、ねむれるようになった。
　　　　　　　薬物と、病気との関係。
　　　　　　　メモ帖、Satz vom Grunde について
　　　　　　　新奇さを追う故に、創造のチャンスを
　　　　　　　失う、伝統的宿命

7.22（火）　1．藤田　現代の理論で吉野［源三郎］の対談　学生問
　　　　　　　題が中心になる

7.24　　　　1．藤田省三　　秋元松代　　　家族からの独立史
　　　　　　　　　　　　　吉野源三郎　　対談

7.28（月）　1．藤田さん
　　　　　　　1．古在［由重］さん　2、3日中（Weber の件）
　　　　　　　2．中山［永山正昭］さん（丸山さんの古い友人、
　　　　　　　　　独学の勉強家、党内の Communist
　　　　　　　　　不遇で隔離状態、54、5歳、本をよ
　　　　　　　　　む、戦前の海員ストのオルグ。英独のホ
　　　　　　　　　ンヤクできるか、奥さんは働いている、
　　　　　　　　　山健［山辺健太郎］について、その明
　　　　　　　　　るさは好き、一面は嫌い。
　　　　　　　　　今までの経験をまとめたらどうか。
　　　　　　　丸山幹治 "枢密院論" →掛川

7.30　　　　1．藤田
　　　　　　○ "田中正造翁"　木下尚江
　　　　　　　幸徳秋水の不平、やりとり
　　　　　　　　　直訴文が調子に流れたので
　　　　　　　　　事実は違うとして、書き直した
　　　　　　　古在由直
　　　　　　　陸奥―古川［河］の女婿、農商ム省、東大農、銅イ
　　　　　　　　　オン　　　　　　　　　　｜ダメ
　　　　　　　憲法―一君万民思想を徹底する―陸と同一になる
　　　　　　　明治4年、盛岡監獄

〇E. M. Forster, Two cheers for democracy, Penguin　1951
〇George Owell の短い小論集。
〇古在［由重］訳　Max Weber の件
　　　　　　　　岩波文庫の話、これをきいてから返事
　　　　　　　　術語については法政ヤスモト氏に見て
　　　　　　　もらう

8.1　　　1．藤田氏　　和名抄［『みすず』8月号巻頭言］

8.6　　　藤田
　　　　―昨日　夜会ギ。
　　　　　　　　"胃"痛い
　　　　　　　　法政、大破壊
　　　　　　　　船山氏　部屋　やられた
　　　　　　　　生物学実験室、酸鼻、石母田、船山　怒れる。
　　　　　　　　火つけ強盗と同然　数千万円。
　　　　　　　　山田宗睦。
　　　　　　　　新聞。

8.8（金）　1．Schmitt
　　　　　　　　　Necesity of politics（Catholic のシリーズ）
　　　　　　　　　Politische Romantik
　　　　　　　　　Politische Theologie　　　新田邦夫
　　　　　　　　　Parlamentarismus　　　　橋川文三
　　　　　　　　　Der Begriff des Politischen
　　　　　　　　　Legalität und Legitimität
　　　　　　　　　Die Diktatur
　　　　　　　　　藤田（イギリス左翼の経験論はPlato はピッ
　　　　　　　　　　タリこない。
　　　　　　　　　Popper（考え方の親近性）
　　　　1．Crossman の　Plato today の日本訳については、
　　　　　　イギリスの好き　Politica（Aristoteles）
　　　　　　　　　　　　　Leviathan（Hobbes）
　　　　　　　　　　　　　Contrat Social（Rousseau）

などを口述試験でしぼる伝統のあるところ、Plato が
常識になっているところとは違う。

1．Tawney

1．［Isaiah］Berlin, Tolstoi よい ─── Hedgehog
　　　　　　　　　Turgenev
　　　　　　　　　Proudhon
Lecture は Types of Modern Political Theory
本になったか。
教養の小池ケイジ［銈］氏（英文）は Two Concepts
of Liberty を使った。（Wilson の Outsider の訳者）
この人は Hooker の Ecclesiastical ……（?）をよみ
Rousseau をよまぬかといい、

1．Berlin の Four Essays on Liberty
　　　　　自分の訳を推敲するのはよい
　　　　　Intro と Mill は小川晃一氏が関ったらどうか。

8.12　　　1．Tel. 藤田さん　学生、2-3人研究会／───15日（金）

8.16（土）　藤田さん

　　　　　1．Crossman は見る
　　　　　1．Heller の Ideenkreis はよい、戦前訳あり（?）
　　　　　1．Cassirer, Freiheit u. Form よい。
　　　　　1．脇圭平さん　Thomas Mann 論。
　　　　　　　　　　　　　ドイツ語訳はよい。
　　　　　1．原勝郎"日本中世史"
　　　　　1．みすず
　　　　　　政治学の本の書評　福田歓一氏との対談。（藤田）
　　　　　　丸山　　　　　　　Durenge［?］
　　　　　　Dewey　　　　　　Laski
　　　　　　Russel 権力
　　　　　　京極［純一］

8.21　　　1．みすず［コーギ］古典講読
　　　　　　　　　　　　・清原宣賢

- Merleau-Ponty ─ Bergson
- 丸山　　　　─福沢コーギ
- Weber　　　、心情倫理と責任倫理
　　　　〃　　　、創造とは

8. 22（金）　1．藤田　　イギリスに住むPoland人、保障人、各6部
　　　　　　　　　　午後くる。

8. 25　　　　みすず　古典解読

　　　　　　Du Contrat Social　　　　　　　　Jowett
　　　　　　アメリカ・デモクラシー　　　　　Laski
　　　　　　Inevitable Peace （Kant）　　　　Friedrich
　　　　　　ツキジデス、歴史
　　　　　　　　三巻　82－88
　　　　　　　　　ケリキューラの内乱
　　　　　　　　　　　　　言葉の倒錯
　　　　　　トヴァルトフスキーとNM　　江川卓

　　　　1．掛川
　　　　1．丸山　26日Harvardの Ezra Vogel と共に行く。
　　　　1．軽井沢
　　　　1．中国新聞　8.5－8.6　丸山氏ききがき、丸山氏
　　　　　被爆の件、24年間黙っていた件
　　　　1．内藤国夫　中村氏の一級上、駒場で知る、赤ず
　　　　　きん［庄司薫］（2級上）
　　　　　　　Stand play　やり方

8. 30（土）　1．Tel. 藤田

9. 1　　　　1．Tel. 藤田　　今日から予備接衝
　　　　　　　　　　原稿　　4日

9. 2　　　　1．植手

　　　　　Carl Schmitt, Politische Romantik
　　　　　　　　　　　脇さん最適任
　　　　　Carl Schmitt, Parlamentalismus

中央大学：ドイツ語で社会的関心ある人あり？

佐藤進一

鎌倉時代訴訟制度の研究

室町守護制度　　〃　　（東大出版）

中公　日本の歴史

岩波　中世の国家

永原慶二　中世の社会（岩波）

9. 11（木）　Politische Romantik　C. Schmitt 脇

1．藤田氏　1950? 丸山さんの名刺　"東京大学教授"

植手　　　　　　　　　　　　　への拘泥

"東京大学法学部研究室" 丸山眞男

世俗性とのむだなアツレキはやめて、本筋

に集中するのではないか。

丸山　日本政治思想史　コーギ

"みすず" 対談　（見本）勝本清一郎による

大正文学史の如きもの。

思想史でやる。

9. 13（土）　座談会　明治思想史

対話者　大久保利謙

西田　　長寿

丸山　　眞男

石川　　淳

［9.20　『イェルサレムのアイヒマン』刊行］

10. 6（月）　1．Tel.　藤田　船山［栄一］氏 Berlin を back（tel. をきく）

10. 13（月）　1．大久保和郎　C. Schmitt（2ヶ月ホンヤク　1ヶ月仕上ゲ）

Politische Romantik. Einleitung　p.31-49

11月10日まで "みすず" 用　本文は2月1杯

10. 28　　　　1．巻頭言　内川［芳美］氏評

Process の多様性、を出すこと、

抑えて書くこと。

読者の一部を遠ざける。

高校生によませてみる

藤田氏　Bagehot の訳

Worsley?

10. 30　　1．掛川　　Erickson ”Gandhi's truth” 論文の関係者

具体的な description　あり

藤田氏　今週一杯の巻頭言、むつかし

法政3－5時（午前）にかえる、今週やまば

松下［圭一］、交渉相手。藤田は prompter.

来週一杯に願いたし

11. 1　　1．Tel. 藤田省三　　1週間

11. 4　　1．藤田省三　明日、朝、とどける。

11. 5　　1．藤田氏、原稿持参。［みすず巻頭言］

11. 6　　1．藤田、　コリック（労働運動）

パウエル（日本の文□□□□、夫人 Poland）

コビー

（Deutscher）

対談　日本現代の文明

11. 8（土）　1.14日の会の場所　→湯島会館

Corrick, Powell, Cobbi,

Deutscher

藤田、掛川、小尾　　　　　　　7人〜8名

14日5時30分　　　6時から。〜9時迄。

1500円洋食。ビール。

6時間　　藤田省三　10-11日　再度団交。ヤマタの大蛇。

中村哲、見事。

14日に訂正。

ゼミ学生。［山路愛山］史論集。

丸山、病気　serious、

退職、no comment

藤田、3月にやめたい

or 講師。（非常勤）

サライ年3月。ゼミナー、書評。
"徂徠"をやろう。
中国の諸子百家
諸橋轍次

11.12　　　　1．Tel. 藤田──□□の件
　　　　　　　　掛川──Deutscher 日本語タンノーではない。
　　　　　　　　　　　　distaurbing　factor にしかならぬ。
　　　　　　　森 有正　　山ノ上ホテル
11.14（金）　1．藤田　Max Weber
11.16　　　　　　藤田
　　　　　対談　ゴハサンにしたい。
　　　　　　　軽率であった。
　　　　　　　Cobbi──反応はよい
　　　　　　　3人の日本文化（?）
　　　　　　　ゴハサンはどうか。
　　　　　　　整理してみて、アンケート、文章で
　　　　　　　補足したら、まとまるか（?）
　　　　　　　日本研究。
　　　　　　　──────
　　　　　　　起こした方がよい。
11.18（火）　1．藤田　［Richard］Storry　12月にくる
　　　　　　　　　Dore
　　　　　　　　　20日朝
11.21（金）　1．Tel。藤田　N.R.［New York Review］of Books, Medawar
　　　　　　　の生物学の本の書評
11.22（土）　1．Tel. 藤田　　8時すぎ
12.3　　　　1．藤田氏　2時
12.10（水）　1．藤田
　　　　　　　月曜日／久野［収］tel. あり
　　　　　　　　学習院やめる。"社会思想"を持て。ゴメン
　　　　　　　　（学習院）

一年だけでもよい。

横田地［弘］―日本政治思想史　断わった。

12.16（火）　1．Tel.　5-6時　藤田　イナバ［稲葉素之、シュミット

『現代議会主義の精神史的地位』

訳者］

午前中　丸山　（藤田さん

医師　友人）

有賀［弘］氏　同級生

知っている

17日つれてゆく　　セキが出る

母は神経科へゆけ。

藤田氏がついてゆけば

どこへでもゆく。

12.25　　　藤田

稲葉さん、五十嵐さん、入院をすすめる、そうして

よい。決定。

話が前後した。

本人が一人部屋でなければだめ。

29日にあく、待つ。

病院から2人部屋が空いている。→入院治療したら

どうか?

正常部分、多し。控え目。

待った方がよい。

4,500円（一日）――29日退院

1970

［丸山56歳、藤田43歳］

1. 10　　　　1．Tel. 藤田

　　　　　　　　3時まで、植手さん討論会、日曜朝まで

1. 16（金）　1．Tel. 藤田

　　　　　　　　掛川、夕方寄る、6時。

1. 22（木）　1．藤田省三氏　a．政談　資料をとどける

　　　　　　　　　　　　　　　①政談　2本

　　　　　　　　　　　　　　　②政談コーギ［広義］

　　　　　　　　　　　　b．岡氏　Crick訳稿

　　　　　　　　　　　　c．ゲラ

　　　　　　　　　　　　d．論語弁　丸山、記憶なし

　　　　　　　　　　　　律は別に立てるか

　　　　　　　　　　　　政論―制度は人情によってつく

　　　　　　　　　　　　　　らる

　　　　　　　　　　　　律は違う

1. 23　　　　脇氏の件――飯田泰三

　　　　　　　教養　長尾隆［龍］一　Schmitt 専門の由

1. 24　　　　1．藤田　　一人死んだ、代々木、脳カンボツ。

　　　　　　　　　　　　手術、イカシカ、コンスイ、廃人、

　　　　　　　　　　　　警察、今朝入った、（導入？　傷害事件、

　　　　　　　　　　　　令状ソーサク）

　　　　　　　　　　　　総長、責任上やむをえぬ。

　　　　　　　　　　　25日にtel. すること。

1. 31　　　　1．朝8時　藤田――Prince Hotel――Dore

2. 4　　　　1．Tel.　藤田省三　　　　対話集

　　　　　　　　　　　Dore　対談［『みすず』6月号「研究と

　　　　　　　　　　　　　教育と社会」］

　　　　　　　　　　　Lichtheimの本

2. 7　　　　1．藤田　　夕方よる

2.16　　　　藤田省三　4時

2.20（金）　1．藤田　Dore　対談

　　　　　　　　　　　E. Fischer

2.21（土）　1．Tel.　藤田　Nikolaevski［『権力とソヴェト・エリート』］

　　　　　　　　　　　Fischer

2.28（土）　1．藤田　掛川

3. 5　　　　藤田　よる　　寄ること

3.16（月）　1．藤田―2時法政―ゲラ

3.19（木）　1．藤田さん、掛川さん

　　　　　　1．藤田氏

　　　　　　　　46年4月より、嘱託　週2日

　　　　　　　　（役員会記録を見ること）

3.23　　　　1．連絡　藤田省三　Bonwitt,　Ivan Morris

4. 3　　　　1．藤田掛川　　文法なき社会［『みすず』5月号巻頭言］

　6（月）　1．Tel.　藤田さん　あす朝,

4.10（金）　1．藤田

4.11　　　　1．Tel.　藤田　7日入学式いらい、ゴタゴタ。

　　　　　　1．藤田　2、3日待て　文法なき社会

4.14（火）　1．Tel.　藤田　今日中には出来るはずなり。

4.15（水）　1．藤田　7.10－10.50

　　　　　　　　“文法なき社会”

　　　　　田口富久治氏

　　　　　　　Philosophy, Theory and Thoughts

　　　　　　　　みすずへ、藤田・田口共訳

　　　　　　　　これに、inaugural lecture と

　　　　　　　　3 types of government を加えて

　　　　　　　　単行本はどうか。可能性あり。

4.22（水）　1．Tel.　藤田　　　　　浄風園病院　ユウ一君入院

　　　　　　　　掛川　Whitehead

4.24（金）　1．藤田　できている

　　　　　　1．1－2時　読書会

2:30　丸山

　　　　1、藤田さんの件

　　　　2、逆説としての現代［対話集、6.22刊］

　　1．Doreへの手紙　逆説収録の件

4.25（土）　Weber "Beruf"

　　　　脇［圭平］―――土から日にかけて上京は可能で

　　　　　　　　　　　ある。

　　　　　　　　　　　土曜の午后でもよい。

　　　　藤田

　　　　安藤［英治］

5.1（金）　1．Tel.　藤田

　　　　Weber "政治"（訳本あるため［脇圭平の新訳、1968年］)

　　　　6／22すぎ1番よい

　　　　6／13（土）安藤さんに都合をきく。

5.6（水）　1．12－　藤田

5.7（木）　1．Tel.脇圭平　"Weber研究会"

　　　　　　　　6／13　O.K.場所は改めて連絡する。

5.27（水）　藤田

　　　　安藤

　　　　脇　　　　　6／13案内を出す

6.2（火）　藤田省三氏

　　1．法政の話

　　　　法（自治）、大学院生など、個別化してきた。

　　　　警察は110番で、人命キ険のとき来るべきにも拘わ

　　　　らずロックアウトをやらせようとしている。それを

　　　　条件にして仲々来ない、頗る強気である。

　　　　法政が最後の拠点になっている。

　　　　複雑なmechanismとなっている。

　　　　全共闘のsectの違いが出てきた。

　　　　中核派は公然と戦術転換をして、他のsectに比べれ

　　　　ば見事――経験あり。統制がきく。leaderが反省し

て転換した。

大学紛争とせず、政治闘争にした、その意味で学校に協力する。

Non-sectは心情主義で、外には出ないで、内であばれる、それを、中核はたたき出そうとする。

もう、法政だけの問題でなくnationalな規模での問題である。

中村哲氏がはなさぬ。学部長が役立たぬため。"ここにおれ"という、非常体制下でやむをえぬ。

田口富久治氏の話

2．A、Crick 論文集

Theory & Practice（仮題）Collected Essays
Weidenfeld & Nicolson

Crick はこの日本訳を希望している。

B、Crick　論文　Freedom as politics（上記収録）

は田口、藤田共訳で、まずみすずへ。

6.11（木）　1．藤田氏

13日　極限状況が起これば、電話でやる。
突発的な事件の可能性あり。

2－3日前、やめる話を中村哲総長にした。

しばらく黙って、目をつむっていた。

人生には……、仕様がない。法政とは切って切れぬ縁だから、将来かえるならばかえってきてくれ。

ついては、内山［尚三］氏に代って学部長になってくれ、云々。

————

三派でも、中核派などは大組織だから leadership がある。幹部はおとなしくなったが、non-sectは（反帝学評……）などは臆病で happening で control できぬ、甘え放題。

————

警視庁からの圧力つよし、つっぱねる。

（ロックアウトへの）挑発者を入れて事件を起こしたがる。

————

"組織"か"群れ"か、丸裸の独立主ギ。

個人とは何かの問題。分解過程、末期症状。

13（土）　1．駿台荘

　　　　　安藤英治﹈
　　　　　　　　　　　Weber 研
　　　　　脇　圭平﹈

　　　　　（藤田）欠

6. 24（水）　1．藤田　Tel.

7. 8（水）　1．Tel.　藤田

7. 17　　　1．藤田省三　　Powell 夫人が来る。土曜4時

7. 20（月）　1．藤田氏　12,500持参

　　　　　　　　　［アントニン・リーム］三つの世代　ゾーティ

7. 22（水）　1．丸山さん　文章の版権　記事を

7. 29（水）　1．藤田

7. 31（金）　　　藤田

　　　　　　掛川　3時

8. 13　　　1．藤田省三氏　12時前

［8.15『政治的ロマン主義』刊行］

8. 18　　　丸山さんのみすず8月号への意見

　　　　　"8.15"興味深くよんだ。ただ自分のだけが抄でない点、こまる、伝えてくれとの由。

　　　　　徂徠について tape recorder へ入れている。とにかく、徂徠をまとめたい。

　　　　　政治的社会的発言はしない。

　　　　　現状は、擬似的安定（高度成長）﹈の相互依存、平和共
　　　　　　　　　　擬似的革命　　　　﹈存である。

　　　　　内から変える力は殆んど困難である。外からを期待する

のみ。

disillusion

私塾について考えぬではないが、希望者の人選が困る。

湯ヶ島へゆく、白壁荘

8.24（月）　1．掛川さん　秋に馬力をかけてやる。藤田氏に協力し
　　　　　　　　　　　　てやる。10 ～ 12月

9. 7（月）　藤田省三　　ねばり勝ち。

　　　　　　　　　　学生と大乱闘。授業は始まっている。

　　　　　　　　　　学生占拠のところは

9.10（木）　1．藤田　朝出かけた。夕方でも Tel. する。

9.12（土）　1．掛川氏　アーレント　11/10 までには送る由。

　　　　　　　　　　　　On Violence

9.25　　　　1．藤田省三　Schmitt　有賀氏

9.30（土）　1．藤田　　本日医師にゆく。

　　　　　　　　　　田口氏

　　　　　　1．田口富久治　Crick の原稿［『政治理論と実際の間』］

　　　　　　　　　　　　ゲラになってから、藤田氏に見せる。

10. 9（金）　1．Tel.　藤田省三　10日午后にゆく。

　　　　　　1．藤田氏　｜胃炎｜＋｜肝炎｜＋｜胃カイヨー後遺症｜

　　　　　　　　潰瘍の結果、ユーモンの上が変形している。

　　　　　　　　肝機能がおちた。─疲労。

10.22（木）　1．Tel.　藤田省三　◯Russel Memorandum

　　　　　　　　　　　　　◯Schmitt

10.25　　　　藤田省三

　　　　　　みすずセミナー（仮）

　　　　　　・場所　お茶の水　神田　又は本郷台町。

　　　　　　・広告　書店PR誌、朝日

　　　　　　・選抜方法　面接

　　　　　　・6ヶ月単位、週一回、週1,000円、夜間

　　　　　　　　30人×月4,000×6　　　720,000

　　　　　　・6講座開設。

　　　　　国書の読み方　　広末

　　　　　漢書の読み方　　植手

　　１．岡和田［常忠］

　　　Peter Gay, Bridge of Criticism

　　　M.Cranston, Political Dialogue（BBC）［『政治的対話

　　　篇』］　　　　　（経綸問答）

　　　いずれもやる

　　　丸山さんからも、すすめられた。

　　　何かCranstonの方は協力者をえたい。［山下重一・

　　　中野好之と共訳］

　　　　　返事（BBC）あり次第、期限をつたえること。

10.28（水）　１．吉田［欣子、みすず書房編集］　木田元氏曰く“伊藤

　　　　　成彦氏の言によれば藤田省三氏が法政をやめ、みす

　　　　　ずの総編集者になる由”云々

　　　　　彼氏shockを受けた由。

10.30（金）　１．北野［民夫、みすず書房社長］　　6時　二幸前。

　　　　○藤田氏の件

　　　　　吉田氏─木田元曰く、伊藤成彦（夫人は岩波勤務）

　　　　　の話、流言デマへの対策。

　　　　　社内への通知を早くやる。（外部へは秘とす）

　　　　　5日役員会で話し、そのあと廻覧を出す。

　　　　　第2週に、藤田─北野対談。

　　　　　社員として、給与は、前職以上にすること。

11. 2　　　１．藤田氏　ウツ病

　　　　　　　　神経症

　　　　　　　　人がこわい

11. 6　　　１．Tel. 藤田　　少しはよい。前より少

　　　　　　　　　　他へ関心が少し向く。

　　　　　　　　　　中村哲よりtel.あり。

　　　　　１．丸山先生

　　　　　　藤田　昨日今日でない。

夏休みから心配していた。

彼にはイカイヨウ……

話をきいていると、繰返し、

Obsessed idea 固定観念のくりかえし。

9月くらいから会ったときの話では1／2は事実だが、あぶないcaseになった

Conspiracy説——法政の問題で。

ロックアウトをdeterrentとして使った、先方はオチメだから。（抑止力）

民青は利用して lockout になった。

自分は利用された。

被害感。

巧妙な計画。

民青は一夜にして態度が変る。

一人乃至数人の

そうした思考に入ることが、疲労の結果である。

前症状である。緊急を要すると判断。

困るのは ノイローゼ ならば、おかしい

　　　神経病 では、おかしくないのに周囲のインボー説。

1．奥さんが入院させようとしている印象がよくない。

1．奥さんをno touchにすること。

1．井村［恒郎］先生に test

　　　　　前の診断が本人に

性格testのときに、その結果がわるく出た。

もう一度医者として、精神と肉体と同視して、

即時入院を要するということを前にたのむ

井村先生からたのむ

昔の日赤

過剰心配

井村—丸山—藤田
　　　　と云う、
入院を要するということを医学的所見として云って
もらいたい。
薬の治療が出来ない
軽井沢では逆効果である。
前に"思想の科学"のとき、そのときもおかしかっ
た。Anlage
————

法政　2つの懸案事項
病院入院中はダメというように、井村先生からも堅
く云ってもらいたい。
————

藤田　①入院　②通院　③カクリ　の三つの選択
１、即時入院（強制的でも）
２、法政には、井村先生より入院せねばならぬこと
　　を云ってもらう。
　　理由、
　　9月頃から、おかしい。話が一つことに戻るこ
　　と、陰謀説がでること。
————

井村。　藤田氏
　　　当人にがんばられて、当日入院できず。
　　　通院の約束はした。薬を少し（4日分）出
　　　しただけ。
　　　その都度、入院の件、話す。

［別紙］
藤田入院の件、丸山—井村　tel.　対話
1970.11.
Tel. 丸山→井村　　井村　——○自殺のオソレはない。

　　　　　　　　　　　　　　　　　○紛争から来る

　　　　　　　　　　　　　　　　　　frustrationがある。

　　　　　　　　　　　　　　　　　○当為との　dilemma

　　　　　　昨夜自ら入院すると云う。

　　　　　　部屋から

　　　　　　奥さん付き。

　　　　　　約束の時間にゆく。

　　　　　　本人の抵抗は病院や医者

　　　　　　助手に抵抗。

　　　　　　〈ヨクウツ〉

　　　　　　分裂のホーガ［萌芽］ありや否や、今日のtest
　　　　　　─────

　　　　　　急性症状

　　　　　　3週間。

　　　　　　丸山→［中村］哲氏に速達

　　　　　　放免するよう

11.　8　　　［別紙］

　　　　　　○月曜には病院へゆく。

　　　　　　○丸山、今夜、──井村先生へtel. する

　　　　　　○ゆかねば、丸山氏が藤田氏のところへ行って連れてゆ

　　　　　　　く。

11.10　　　　1．1時　藤田、井村

　　　　　　　　　　　あす9時入院

11.11（水）　○藤田　　　　Room 4-D-05

11.16（月）　1．丸山眞男先生　　P.M.12:40

　　　　　　法政と切るキッカケになればよいと思う。

　　　　　　客観的

　　　　　　本人の意識の中に沈殿を取除く。

　　　　　　　　　　　　Obsessed ideaとなっている。

　　　　　　　　　　　　　それを切る。

　　　　　　掛川さんにもtel. していう。

井村先生がいいという迄いるように。

丸山個人の 果物

病的に気にする。

話して、 黙っていてもらう。

11.17　　17日の晩

○藤田夫人より

二部主任と学部長へ、診断書を添え辞表提出

（従来、通ったと思っていたのが学校では預りだった）

入院期日の件。

井村先生は、治癒しても同じ学校で教えることは

困難だ、と云われる。

学部長も"やむをえない"と諒承した。

井村先生、あと一週間は必要。

退院しても一週間に一遍は通院を要す。

11.18（水）　1．丸山　2時〜3時　　東大病院

退院したがっている、奥さんも、

井村　　　　　（大丈夫）

強いて入院している必要なし。

諸般の状況で、もっといた方がよいと思う。

外からのimageでは入院したばかりの感じ。

対法政の関係で心配。

血色がよくなった云々。

ソーも見えぬ。

出てから、法政と切れるか？

（原則的了解）

やめるとしても発令

月給云々

自分で行って説得するつもり。

奥さんが止められぬ。

井村先生の考えもきき、

ドックに入った感じ。

入院をテコにして、希望の方向に持ってくること
が、逆効果になると思う。

2時　丸山先生来社へ。

井村先生と tel. で話す。

藤田氏入院加療が望ましいこと。（経済問題がある
かも知れぬので、強いて云えなかった）云々。

当人に説得する由。

丸、自分も本日行って話す。

果物代として預る（¥30,000）

信販下で4時迄。

戦後の変化

"天皇制"に代ったものは"マスコミ"である。

無謬、自己批判のないこと。

週刊誌との共犯性、

出版社会学 をやらぬ、か、

Pluralize のなさ。──（単に pro & con でなく）

同質性

一つの仮説

昭和初年

中産階級　インテリ　大学卒のプ
　　　　　　　　　ロレタリア　意識の共通性
　　　　　貧民　　　最下層

現在

　　　学生　　インテリの想像力の欠如
　　　　　　　"貧しき人々""社会的に恵まれ
　　　最下層　ていない階層""老病"など、
　　　　　　　具体的な疎外者にたいして、
　　　　　　　不感症がある。

ジャーナリストがこうした想像力の不感症にある。

抽象的な言葉の氾濫

"狂気など"の言葉が日常化している。

12. 3　　　　掛川　T. Mann

　　　　　　　丸山、気力、ふつう通り。やる気がなくなる。

　　　　　　　藤田出たい、井村、今週、日

12. 18　　　 1．丸山先生

　　　　　　・訳文センテイ［筌蹄］、copyは字が小さくてよめぬ。

　　　　　　　西田［太一郎］本も一緒に見ている。

　　　　　　・木内［書店］でセンテイ、明41年版、2,500円

　　　　　　　注文したが品切だった。

　　　　　　・肝臓は順調、少し下った。

　　　　　　　肩にできもの、ウミ、をとっている。

　　　　　　・藤田氏の件で礼を云々。

12. 19（土）・藤田省三　　午後2時すぎ。

12. 21　　　 1．On Violence by H. Arendt

　　　　　　　平井敦子氏より

1971

［丸山57歳、藤田41歳］

1. 6 藤田氏

1. 4月から。

1. 辞令が出てから

1. 訳の検討？

1. 論文は出せたら、出してもらう。

1. 2コ、断れぬ

思想大系　松陰の解説（岩波）

チクマ　正統とイタン（?）200枚　（思想史講座）

1. 岩波

レーニン論
異端論
── 本になる

1. 藤田塾

教務主任（organizer）

1. 手取　96,000〜10万以上　　　法政　12万

－13,000（管理職手当）

85,──90,000

12月　27万　年間月給3ヶ月分〜3.5ヶ月が賞与

1.12 1. 丸山　小包　　操觚字訣　1冊

訳文筌蹄　5冊（明治9年補刻）

1.16（土） 1. Tel. 藤田省三氏　船山［栄一］さん　12月で退職に

決定

退職金もでるはず

みすずセミナー

知識の普遍主義

有名人学校病を排す

一般性をもち、かつ専門性をもつ。

Textを使う。50人まで。

日本古典演習

第一回　○Weber　藤田

○斎藤　真　　東大評議員となった、協力する。

　　アメリカの文化と歴史

○森　恭三　　ジャーナリズム　新聞分析

○西郷信綱　　現代人類学と記紀

日本人の歴史意識

　島田虔次、外山［慈比古］、瀧口［修造］、江
　沢［洋］、船山、有賀［弘］、植手［通有］

　あとは、若い人、色づけない

6月か9月からか。

記念講義をはじめる。

　朝永［振一郎］、野上［弥生子］、大塚［久
　雄］、脇のうち一人

1.23　　1．藤田省三

1.27　　1．藤田さん　　Arendt————2、3日中

1.30　　1．藤田　　11.00 − 1.30

　　　　　　　　台町―分室

　　　　　　•井村夫人に文化学院の件、相談。

　　　　　　•分室が教室になるか

　　　　　　•On violence ゲラ　1週間

2. 4　　1．藤田　　On violence 平井敦子訳

　　　　　　文章は分っているが、意味は分らぬ。2−3週
　　　　　　間のびる。

　　　　　　別ゲラと一緒に送る、こと。

2. 6　　1．Tel. 井村

　　　　　　井村夫人、院長も、エマさんもよく知っている。
　　　　　　いつでも。

　　　　　　　　藤田氏

　　　　1．藤田、宮村［治雄］　"鳥尾小弥太" の研究

　　　　　　セミ、プラン　　　　VG研［VGは比較思想史のド

イッ語略、丸山に教えを受けた
思想史研究者の会］に出る

| 1971 |

2.13　　1．藤田氏

　　　　　1．有賀氏の話によれば

　　　　　　斎藤真氏は学校の件、9月になれば、3回なら
　　　　　　ば引受けてもよい。

　　　　　　"アメリカ文化論"（斎藤真）

　　　　　　この間の話はcivilian control の発生（植民地軍
　　　　　　から発生した。total war と密接している。アメ
　　　　　　リカ防衛思想の起原）

　　　　1．"東洋の問題"　　丸山？

　　　　1．Seminar　9月から　1term 10週間　50人

2.17　　1．藤田氏　　25日（木）夜　　Fujita（O. K.）
　　　　　　　　　　　北野［民夫、みすず書房社長］氏

2.18　　1．Tel. 北野　　25日、スエヒロ、3人、5:30

　　　　1．藤田氏　　　病院より

　　　　　1）本日でO.K.井村先生名医です。あと一日行く
　　　　　　こと。

　　　　　2）未来社、松本［昌次］、本を書く、云々。

　　　　　3）法政―石母田［正］　本を貰ったので、その返
　　　　　　　　　　　　　　　事に書いた

　　　　　　　―学長　　　　　まだ

　　　　　4）掛川氏、親切の余りで一寸閉口。

　　　　　　"これどう思う（?）"etc.

　　　　1．井村先生

　　　　　•藤田氏にO.K.した覚えなし。

　　　　　係りの人が云ったかな――あとできいてみる。

　　　　　•丸山―掛川、藤田氏についての質問、いつでも
　　　　　答える。

　　　　　9〜10時頃、tel. して、あすの約束をとること。

2.19　　1．藤田　　　正午

2.20　　　1．掛川

　　　　　井村　22日10時30分

　　　　　F、未来社の方が藤田氏のことを得々として語った
　　　　　ということに丸山先生はショックを受けた。
　　　　　無意識的、病的か？　それともnormalな状態か？
　　　　　未来社、松本氏とはゆききしないと云いつつ、
　　　　　当人が<u>ケロリ</u>としていることがshock

2.22（月）掛川氏

　　　　　井村先生　懇切に相談してくれた
　　　　　本人の話では"ウツ"の繰りかえし。
　　　　　植手さん、VG研のときは昂奮状態だった
　　　　　Manieと<u>ウツ</u>との繰りかえし。
　　　　　薬はのまぬと絶対になおらぬ。一過性でなく繰返さ
　　　　　れる。

2.25　　Tel. 藤田

2.26　　掛川──Fについて

　　　　○電車の中で、田口氏の弟に会い、F氏未来社訪問後、
　　　　　企画が出た、論文集、社長も喜んでいる。
　　　　　ゴチソウ代を返送した。

　　　　　K──こんなことが、変だという一般評を持たれぬか？

　　　　○"一族郎党をひきつれて"という言葉を頻出したこ
　　　　　と、これは当人も、丸山先生も使うことを好まぬ言葉
　　　　　であるはず。

　　　　　その頻出の意味？

　　　　○VGの会のあとで、中野のBar（古い友人、19年も会
　　　　　っていない人のところ）へみんなを連れていった。
　　　　　身分上、環境的条件の変化の結果とすれば、自然かも
　　　　　知れぬが、法政やめぬうちならば、大変である。

　　　　○研究者としての不安感？

　　　　　"丸山さんの仕事は残るが自分のは残らぬ"云々

　　　　○酒をのむ。

強い不安感を伴う躁ウツ。

一過性のものではなく、繰返されるもの。 ┐ 井村先生

薬をやめるのが、よくない。 ┘ の意見

○年齢的にも変り目。

○egoの肥大、ワタシ、ワタシということが出る。

○学校、人事接衝等、仕事ができるかどうかが試金石である。

○丸山さん、橋川［文三］さんと一誠堂でバッタリ会った。この間は（VGの会）度がすぎて、"馬鹿呼ばわり"された。

○対インテリにはdefense mechanism、自然的に古い友人にゆく。

○井村先生

分裂症の気味あるか、検査を要す。

↑丸山?

3. 3　　藤田氏　　4月〜

140,000

税　　5,920

社保　7,546

126,534

3. 7　　　1 ．藤田

1、井村先生より通院解除 stop

躁状態について、さらに疑問があるので、もう少し。

それほど長くはならぬと思う。

2、給料は多すぎる。

3. 8（月）　藤田　　船山氏はtel. で話す。

1 ．2−3日中、倉塚［平］氏はHobsbawmについて話す。

1 ．自分はBandit［ホブスボーム『匪賊の社会史』グループの社会史3］に気がのらぬ。

1．大塚書評　4月から
───────

1．倉塚氏は明大、村八分の感じ、ノータッチの勉
　強ができるはず。

　1．藤田さん　2−3日中　ゲラと趣旨

3.9（火）1．3時　　藤田
　　　　　　　　　○H. Arendt 第一章
　　　　　　　　　○セミナー趣意書
　　　　　　　　　　Das schöne zur Guten
　　　　　　　　　○他の社員に対して特権的印象を与えない
　　　　　　　　　　か

3.10　　　1．掛川氏
　　　　　　牧原氏に会った。F氏、人格的適応がうまくないの
　　　　　　ではないか。
　　　　　　井村先生はソーウツというが、あっさりした、もっ
　　　　　　と簡単なものと思う。
　　　　　　複雑な状況に立たせぬよう。
　　　　　　磯部氏───茨城　遠藤氏
　　　　　　　　　　　（河合隼雄氏と Jung 研、Counseling）
　　　　　　当方の決定で心理的に安定してよかった。
　　　　　　丸山さん　　加藤周一氏来日、熱海へ行っている。

3.11　　　1．セミナー趣意書
　　　　　1．藤田氏
　　　　　1、石母田［正］氏より手紙
　　　　　　　遊びに来たまえ。Fのいなくなった学校は云々。
　　　　　　　中村哲氏とも、関係すべて片付いた。
　　　　　　　岩波の石母田氏の本［『日本の古代国家』］よい。

3.18　　　1．藤田　追加
　　　　　　　　島田虔次　学庸章句
　　　　　　　　野田良之　Durkheim, Mauss 講読

　19　　　1．藤田

a 、島田虔次氏には何を選ぶか先方任せ
　　　　大学章句、中庸章句
　　　b 、Schmitt 1/3 スミ

3. 22　　丸山、藤田、小尾　　　　　スイス・シャレー
Carl Schmitt, Parlamentalismus
　　　学生のとき、よんだ
　　　Scharf! !!
　　　ただし一箇所の Aversion
　　　商品競争で価格の決定されることと
　　　議会の公開討論で真理が決定されること
　　　とを平行的に論じた場所。
　　　商品──非合理的な要求（個人の）
　　　議会──個人の普遍性の要求を根底とする
　　　この違い！
　　　─────
　　　東大　戦前の教授会
　　1　中田薫・田中耕太郎　　　　　　　　主流
　　2　神川彦松　　　　　　　　　　　　　傍流
　　3　南原繁・高木八尺　　　　　　　　独立派
　　　　1＋3で反ファッショ、防衛
　　　　経済では主流がファッショで、経の反主流と法
　　　　の主流と結んだ。
　　　─────
　　　朝日ジャーナルで連載した、東大当事者の記述。本
　　　になっている。
　　　学制改革のことなどが主である。
　　　"安井郁問題"などはない。
　　　（これで田中・南原の決裂が決定的になった）
　　　細かな　　　小野塚［喜平次］の伝記の記述で
　　　　　　　　　田中氏はカンカン。
　　　─────

教授会に配属将校を臨席させよとの要求。(昭15以後)

———

辻清明助手、憲兵隊にまず引張られ、名前を云う。

次に丸山助教授

次に田中二郎（Prince of Wales 爆沈万歳を憲兵とと
　　　　　もにやった云々）

日本資本主義講座（戦後の）

　　宇佐見誠次郎

　　堀江　　正規

　　遠山　　茂樹

丸山さんへも編集者になれ、断わる。純粋に

Marxist だけでやったら。

党の拘束なき研究会。

党からの臨席要求。一日だけ2人。

"丸山まではよいが、他の（京極［純一］、岡［義
武］）はダメだ"云々　　　　　　　Sophistication

岩波の編集者、塙［作楽］氏が当時のことを述懐した。

　　原稿枚数を水増しし、水増し分を党の資金にし
　　た。

　　岩波を喰ったことになる。

吉野［源三郎］氏もあとで、この講座は失敗したと
云う。

（吉野氏もくどい）塙・吉野の関係もまずくなった。

———

Suggestion

———

Europe へゆき、

　　編集者養成の問題——┌──────────┐
　　企画選定の問題　　　│企業活動そのものが│
　　　　　　　　　　　　│教育的である　　　│
　　　　　　　　　　　　└──────────┘

　　　　　　　　　　　　紙
　　　　　　　　　　　　印刷
　　　　　　　　　　　　比較出版学
　　　　　　　　　　　　活字文化論　　　　？
　　　　　　　　　　　　出版社会学

　　　　　　────────

　　　　岩波、│担当│の配置転換の問題、よい人が多いが、
　　　　それだけ。

　　　　　　│編集者─著者│　関係の変動、不安定化。

　　　　　　────────

　　　　朝日ジャーナル　回収号。〔赤瀬川原平が連載の「櫻
　　　　画報」で、朝日新聞を戯画化したことにより回収。〕
　　　　あのillust. 見るだけで不快。
　　　　Dore 来て。読書新聞の sample

　24　　　　Tel.　藤田　　　丸山先生、新聞に出る件
　　　　〔3月24日付日経記事 "教祖" 丸山教授東大を去る」添付〕

3.26（金）　1．掛川
　　　　　　藤田　ウツが出る──石母田〔正〕

4. 1　　　　1．本日　出社　新入
　　　　　　　　藤田省三（月水金）

　　　　　　1．掛川　イソベさん、4日つづけるつもり、遠藤さん
　　　　　　　　　　の話では、本人が反省力あるので、あまり心
　　　　　　　　　　配いらぬ。
　　　　　　　　　　個性のある生き方はそういうもの、ただ神経
　　　　　　　　　　のイタミがあるかもしれぬ。何かあったら、
　　　　　　　　　　また。

4. 5　　　　丸山
　　　　　　1．訳文センテイはあった。
　　　　　　1．谷川士清　倭訓栞　43年複刻
　　　　　　　　　　一誠堂　47番、3冊　9,000円
　　　　　　1．藤田氏　月水金のこと云う。

　　　　　１．Misuzu Seminar あいさつ状おくる。
　　　　　　　　御意見を、という。

4. 6（火）１．藤田　　　丸山先生のこと

4. 7　　　　藤田
　　　　　　　Löwith, Burkhart　　脇───？
　　　　　　　Lichtheim, France
　　　　　　　Bendix, Intellectual Biography
　　　　　　　　　　　よい

4.10　　　　丸山眞男　　　倭訓栞ほか送ること、手紙とも。

　 14　　　　藤田　　Imperialism, Lichtheim
　　　　　　　　Political History, Elton

　 15　　　　１．丸山先生　　　肝臓はよくなった。糖尿が出た。
　　　　　　　倭訓栞の金。

　　　　セミナーについて

　　　○ 聴講者の選抜 をどうするか。
　　　　均質性の保障がむつかしい。
　　　　　　（大学の学部はよいが、大学院は大変である）
　　　　2/3は均質的でなければ、講師はやりにくい。
　　　　　　（あとはmassでもよい）
　　　　そのためにMemberをこまめに、口コミで集める、な
　　　　どの努力が必要だ。

　　　○ テーマ
　　　　大学でやらないテーマ（大学の出店では仕様ない）
　　　　を、例えば“自由の歴史”について
　　　　　The Liberty と Liberties の区別
　　　　その闘争の歴史
　　　　　私的自由と公的自由の区別がつかぬことと、日本語
　　　　の単数・複数との関係。
　　　　（Berlin の Two Liberties という発想は大陸の系統を示
　　　　している。英国人は実証的な記述だけで、ただ、その
　　　　中で、こういう二つの系統もあるというに過ぎない。）

○ 語学 について

言いぱなしの講義よりも、内容のある語学テキストを使ってやった方が、きく方の努力→均質性へのまとまりが出る。

例えば Berlin。

"セミナー・ゴロ"退治にはよい。

（八王子セミナーハウスにもいる。わたりあるいて交際用にする。）

○ テーマの組み合わせ

一般テーマと特殊テーマとの組み合わせが必要。

講師は1〜2回なら準備できる。

　　　　10回　では準備できない。

それでは大学のアンコールになってしまう。

○ 夜学の困難さ

昼間の仕事のある人にいかにむつかしいか。丸山さん長男、理大夜学―（数学の教師）へ行っていたときの感想。

ふつう、休んだらと親が云うと、あの夜学の人たちの苦労を考えると、とてもそんなことはできない――云々、精神主義的であるが。

書店としては尊敬するが、こうした試みはどうか。厳粛なとり方。

4. 16		1．藤田	
4. 19（月）		1．藤田	Nietzsche, Heidegger
4. 26		1．藤田	Hobbes Series, 高木八尺
4. 30（金）		1．藤田	Iron Cage ［ニミッツ『鉄の檻』］
5. 6		1．藤田	Ideen Kreis（Heller）
5. 7		1．植手	5. 30すぎ　藤田さん
5. 14（金）		1．F.　Elton, Practice 宮村［治雄］

丸山さん　大日本史の名称の成立過程の話（当人の意図と違う）

5. 17（月）　1. 植手さん

"大学"の演習

交代で休む、10人で、連続して出る者がない。

怒る気にもなれぬ、何のためにやるか分らぬ。

みすずセミ、建物ができるならば、住みこみの番人となり、10,000円。生徒となる。ホンヤクでもして、4、5万円あらば、くらせるか。

とにかく時間がほしい。

6. 1　　脇　圭平

6月26/27上京、そのとき藤田氏に会い、相談してきめる。

その前日に当方から連絡する、という約束。

————

講義　　　Fascism と知識人

Taboo $\begin{cases} \text{Democracy} & \text{の場合} \\ \text{Fascism} & \text{の場合} \end{cases}$

肯定tabooにガタが来た。（見ざる、云わざる、聞かざる。思想的闇黒時代。百鬼夜行）

戦後日本のtabooにヒビが入った。

TabooだらけのAnti-Fascismは有効でない。

〃　　　　Democracy 礼賛も有効でない。

Fascism もDemocrasyも共にtabooになっている。

現代史の経験、"体験者としての私"の脱落は困る。

"私" も taboo になっている。

Anti-fascism的fascismは流行現象である。

Klaus Mann の論文

"反ファシズムは流行現象である"（1937）

（Mode としての Anti-Faschismus）

"Heute und Morgen" 所収。

————

"両大戦間の知識人と政治"

　　　同志社、隔週の研究会

　　　国際的な比較研究　14-5人

　　　和田洋一氏 "Thomas Mann とフランス"（第一回）

───────

Weber と George

　　　George の弟子の Gundorf が Heidelberg の講師だったので、この二人を会わそうとした。

　　　お互いにタンゲイすべからざるものを認めただけ。

　　　概念や精神一般は分るが、個についての感受力ない、という George 派の連中の Weber 評。

　　　Hobbes の作為の論理→丸山、江戸期研究

　　　Rousseau　250年の Carl Schmitt、教育　NZZ［Neue Züricher Zeitung］を借りる

6. 9　　暴力論ゲラ

　　　藤田─Obi［小尾］─富永［博子、みすず書房編集］

6. 11　　1．藤田　　森恭三、西田長寿　　アーレントあとがき

6. 18　　1．石田雄　Schmitt たのむ。

　　　1．掛川　Arendt

　　　1．大久保和郎　Arendt

　　　　　　　　本をとどける─加藤［敬事、みすず書房編集］

　　　Schmitt の件

　　　平井敦子　　社会科学ダメ。

　19　　1．加藤　アーレント　Totaritarianism

　　　　　　　　　　　大久保

　22　　1．坂本義和氏　　電車の中で　NYT［New York Times］の件

　　　○藤田氏は元気？

　　　大久保和郎　　Arendt やる

6. 23　　1．Pentagon Report［『暴力について』所収］→藤田

　　　1．斎藤真氏→OK

　　　　　　　　　　セミナー

　　　　　　　　　　アメリカ───Paine───Burke
　　　　　　　　　（斎藤）　　　　　　　（有賀）

6. 25　　　　F、丸山先生"漢学者伝記"体系つけて送る
　　　　　　　徂徠公表の件［全集、1973年刊行開始］
　　　　　　　　　　吉川［幸次郎］さんに御協力のことをたのむ。
　　　　　　　　　　ソライについて。
　　　　　　　　　　吉川、丸山、などの協力をえて、公刊すること
　　　　　　　　　　を公表してよい。

7. 9　　　　1．掛川氏　　　大久保［和郎］氏の件

7. 12　　　　1．Tel. 大久保　Arendt［『全体主義の起源』翻訳］の件
　　　　　　　1．藤田　場所を探す。電通会館ほか。

7. 16（金）　藤田氏（7.17日に話す）
　　　　　　　1．仕事の限定
　　　　　　　　　・セミナー　　　｝
　　　　　　　　　・ソライ　　　　　　のみとす
　　　　　　　1．編集会議　　　関係するもの。あるときのみ。
　　　　　　　1．出社日　　　　　月水金とす
　　　　　　　1．報酬体系　　　　一年後に再考　　72－4/1に再考
　　　　　　　1．ニヒリスト［グループの社会史1、1972.5刊］　8月1杯
　　　　　　　　　シュミット　"議会主義"──原稿1/2
　　　　　　　　　アーレント　"暴力論"──1/2
　　　　　　　　　Schmitt "Politische Romantik"（?）
　　　　　　　　　Elton　　　　　──1/2　宮村
　　　　　　　　　"岩波"　大系　　｝
　　　　　　　　　"筑摩"　思想史　　　のことがあるので
　　　　　　　　　給料でなく出来高払いに云々、との申出。
　　　　　　　　　3月まで現在通り、72／4月に話してきめる

7. 19（月）　1．脇さん
　　　　　　　1．藤田氏
　　　　　　　　　"議会主義"1/2 ～ 2/3　　400字　150枚

　　　　　　　　　8月一杯にはできる。

7.26　　　1．植手　　　　　宮村［治雄］さん　　　'35
　　　　　　　　　宮村―藤田氏にきくこと

7.28　　　1．掛川・平井敦子氏　Michigan 教授　日本史
　　　　　　・Arendt［『全体主義の起源』翻訳］断念する→
　　　　　　　大久保［和郎］
　　　　　　・Bartok［『バルトーク晩年の悲劇』亡命の現代史
　　　　　　　6］試訳出す
　　　　　　・イソベ―近藤　　8月末
　　　　　　・亡命の現代史（2）［『20世紀の民族移動』2］
　　　　　　　8／21-23

7.31　　　1．Tel. 大島通義氏　　Arendt, Imperialism［『全体主義
　　　　　　の起原』第2巻］――もう一冊注文の事

8.11　　　1．Arendt, Imperialism 大島氏送る

8.16（月）　1．藤田氏　Schmitt［『現代議会主義の精神史的地位』］出
　　　　　　来た。

8.23（月）　植手通有　　本返却
　　　　　　丸山さん　　セミナー、俺もききにゆきたいなあ
　　　　　　　　　　　　テープでもとっておいてくれ。

　25（水）　1．藤田　　セミナー

　　　　　　　藤田ゼミ　　｜
　　　　　　　　　　　　　　　　多し
　　　　　　　古事記　　　｜

9.2（木）　1．Tel.
　　　　　　藤田　Text　50ブ　印刷の件、タイプで打
　　　　　　◎セミナー案内　送り先　新聞社
　　　　　　◎　　　〃　　　　　　　小売店店頭
　　　　　　Elton の一般的な考え方を示したもの。（宮村氏）

9.8（水）　1．藤田　・ソライの件―加藤
　　　　　　　　　　　・丸山先生、いつゆくか―吉川氏

9.18（土）　O、朝永［振一郎］講演会［みすずセミナー開講記念「物
　　　　　　理学よもやま話」］

挨拶はどうするか。

F、 出版社の代表がやるのが当然

O、 いや、FかMか、と思ったので、僕はやらぬ。
　　　ではFさん、たのむ。

F、 かんたんでいいでしょう、云々

9.20（月）O、 講師にいくら払うか、10,000 より tax ひいて 9,000
円か

F、 いや、前に云った通り、¥11,111から1,111をひい
て 10,000 かと思う。
尤もそれを決める権限のあるのはOであるから、
きめてもらってよい。

O、 そういう訳でなく、きいただけ。
脇さんの交通ヒはGreenと宿泊ヒとを?

F、 会ってからきめる。
とりあえず10,000　　20,000を用意する。

9.21　有賀［弘］ 10,000

未来社　松本さんorg　20人

自由と統合　14人

9.22（水）1．藤田　　脇氏交通費しかとらず　10,000円
こんごGreen車で考慮するか。

9.23（木）大久保和郎

H.Arendt　大島［かおり、共訳者］さん見えた。

Textとしてドイツ語でやる。

掛川さんに諒承求める

一つの本だから、訳語の統一のことがお
こる。年内

9.29（水）セミナー　　　　　　　25人―2

有賀氏休

藤田氏代講　Luther と Hobbes―Rousseau

途中で声あり（小川晃一氏）

本日は講師が休みで代講とのことであるが

①こん度もう一度補講をするか

②弁償するか

　　どうするか

　　700円返却

その後、一人の女性も700円受取って帰った。

————

30日朝、この小川氏より tel. あり

①昨日の失礼をわびる。

②原則の問題として、こういうことのあったとき、

　今後どうするかを明らかにしてほしい、の由

10.　4（月）　1．Seminar

　　　　　　　Arendt 小見出しの件、不要（F）

　　　　　　　維新の精神でもロクメイ［鹿鳴］館のことが間違っ

　　　　　　　ていた

　　　　　　　出版や［屋］の見識の問題になる。

　　　　　　　小見出しはむつかしい。

　　　　　　中野好之氏

　　　　　　　丸山さんに会った。Burke の選集も出てよいのでは

　　　　　　　ないか。

10.14（木）　F氏の件

　　　　　　1．text の代金を200円でなく250円で売った件

　　　　　　　Seminar 代金として7千円とっているにも拘わらず、

　　　　　　　text 代金においても利益をえようとした、いやらし

　　　　　　　さ

　　　　　　1．植手氏分を第一回において支払わなかった件

　　　　　　1．12月の Seminar 終了時においてやめたい云々

　　　　　　1．社員の無気力性。社の書物についての無関心。素質

　　　　　　　があるのに、教育していない。

　　　　　　　責任の分散をしないので、育たない。

　　　　　　1．セミナーの記事2つを、反対にも拘わらず出した。

　　　　　　K［掛川］氏の意見

1．10／10（日）F家、奥さんの話、"すごく親和的で
　　　　奉仕的になるか、完全な対立者批判者になるか、で
　　　　困る、もう少し一般的な関係ができないか。"
　　F氏の期待
　　　1、過敏な感受力、環境を感じすぎる
　　　　初めに部屋が独立してあればよかった
　　　2、話すchanceがなかったこと
　　　　聞かれ、信望される雰囲気についての失望
　　　3、保護を要する人

11. 1（月）　丸山眞男氏　6時頃来社

11. 2　　　　F、71-1-6
　　　　　法政　手取　96,000〜10万以上
　　　　　　　管理職手当　13,000
　　　　　　　フツウ　85,000〜90,000
　　　　　　　賞与　12月　<u>27万</u>
　　　　　　　　　（年間月給3ヶ月〜3.5ヶ月分）

11. 6（土）　M、　曰く　Fは森の石松だ。
　　　　　F、（Kの話。　11／6夜）
　　　1．初め真面目に出た、車で来、カギを忘れ、9：30に
　　　　なってもあかぬ。
　　　1．Mの給料との関係を気にしている。
　　　1．Maruyama先生他の意見……
　　　　週一回で顧問ではどうか
　　　1．O、出社不要、顧問、セミナーのみではどうか。
　　　1．K曰く、給料をさげて8万位とし、そうした顧問が
　　　　一番よい。
　　　1．今のままならば、4月にやめ、一年は食える、その
　　　　間、教師の仕事を探す。

11. 15　　　1．掛川氏
　　　　　湯河原で丸山ゼミ。
　　　　　熱海ホテルでF—Oの件話した。

非常に客観的でよく分った。

　　　Fは一心太助的。[Fは「『一心太助』発生前史」
　　　（『月刊百科』1973年11月号）を書いている。]研
　　　究者として立つ他ない。

　　大原社研の如きものあらば、かつてのえらさを思う。
　　2人が一緒では立たぬ。

入る前にFに話したことは、社員としてはムリで、顧問
というのがよい。しかし全然きかなかった。

————

金曜日　Fに一泊。

セミナー出席者全員に個人的に謝礼する。云々。K曰く
おかし。

社員やめ、コモンとし、無給でやる（?）

11. 19（金）　1．Seminar あと、藤田、植手、掛川、オビ

　　　　F→U、　植手氏、功成り名遂げた（circleの中では）

　　　　　　ここで猛反省を示す

　　　　　　• 批評にあてつけを含ませぬこと

　　　　　　• 日本社会における女性の学者のあり方につい
　　　　　　　て、理解を持った上で、発言乃至態度。

　　　　　　• 普遍性だの人権だのを云う為めの前提。

　　　　　　• 人がすべてを理解することは非難の対象にな
　　　　　　　らぬ。

11. 24（水）　Kより tel. あり

　　　　Fは感じやすくなっている。M先生との関係がわるくな
　　　　っている。

　　　　バランスがわるい。"言葉の音調に傷ついた"云々。

　　　　月曜に行って話そうと思ったが出来なかった。

　　　　"M先生に特別の気を使うことがわるい。特別な人なら
　　　　分るではないか。西郷［信綱］氏脇［圭平］氏など他の
　　　　人にわるいではないか。"（F）

　　　　だから、先生には別に謝意を表すればよい（Kの意見）

"月曜日は千秋楽で、自分がやろうとしたが、西郷さんがゴチソウしてくれた。"

最後の回には みすず で招宴することが望ましい。席を設けてあと中座するなら中座したら、どうか。云々

11. 25（木）　Fより tel.

　　1．セミナー講師にお歳暮を

　　1．講師各々に、みすずの本を、（希望の）

　　　　井村、研究［『精神医学研究』］を西郷氏とか、

　　　　あとでFが書き出す。

　　1．席を設けてのゴチソーは必要ない

　　　　（Kとの話しのあとらしい）

11. 26（金）　中村哲－小泉［二郎、みすず書房編集］

　　　　Fは元気ですか。

　　　　学生運動で、やってもらったが、セクトのなかへ、純粋に入りこんでゆく。純粋に問題を捉えられぬので、全体が捉えられぬ、運動は、彼の考えるよりも、もっと俗である。

12. 3（金）　1．掛川　11.5　tel. あり。Fの手紙、Geld のこと。

　　　　　　　　　　　丸山先生に会った。大事にせよ（TB）云々

　　　　　　1．掛川　藤田氏

　　　　　　　稲葉［素之、シュミット『議会主義』訳者］氏自殺

　　　　　　［別紙］

　　　　　　稲葉　　昨日　自殺

　　　　　　ウツ

　　　　　　　　　　　ナゴヤ

　　　　　　一緒に帰った

　　　　　　──────

　　　　　　パチンコ、歯医者で

　　　　　　名古屋へゆき、自分の部屋でガス自殺。

　　　　　　学校で5時間つるし上げ。

12. 6（月）　1．藤田

1．稲葉氏の件

ソーにうつらぬで、よくなるのではないか（薬）

パチンコ―ハイシャ―公務員宿舎1人

おそかりしくらのすけ

Schmittは別のtypeの人

4日、大学で葬式

父母が俗物、金がある家。

遺骨が昨日

Schmitt　　ノー、コメント

稲葉氏"歎異抄覚え書き"

辞典を見るのはギリシア、ラテンだけ、英独仏、辞典ナシで。

1．法政　岡田［向田博］さん　1/2、あと20日（ニヒリスト［グループの社会史1]）

12. 7（火）　1．植手さん

〇自分への批判攻撃がああいう仕方でやられたのは初めて。

〇先日の夜の席では（小尾と一緒のとき）、変なことは感じなかった。

そのあとの会で

　Mを俗物と云い、攻撃したので

変に思った。その理由はわからぬが。

〇Fの福沢論、その理由付けが強引である。

あとで、確認する余裕がなかったので、未だ、あたってないが。

〇何でもかんでも一つの見地から（こちらからは都合わるい）見地から、理由づけられるので困るな、とは思った。

変という感じは持たなかったが、感じがにぶいのか知らん。

〇自分には実によくしてくれる。

○自分にはIdeaはある、しかし論文にはならぬ、という、これはよく云うことであるが、ずっと仕事をしていないことについての、社交的な辞令かも知れぬと思っていたが、何か意味ある表現か知らん。

［欄外赤字］正直。飾らぬ。放心しているという。

○　疲労を云うこと。なぜあんなに疲れるか自分には分らぬ。

セミナーで他に残務はない、とすれば、とくに、稲葉氏のshockは、"若し自分がtel.すれば、死なずに済んだかも知れぬ"という罪意識あり、声調がおちて、かすれた感じ。

［欄外赤字］恒久的なつかれ。あらゆる生産からはなれる自分はつじつまがあうが、他から見れば放心。

［欄外赤字］○疲れているから研究会を1月へ。

————

分裂病の"形式障害"（?）

○　Jaspersの"研究"を見ること

［欄外赤字］幻覚。ふつうの人は音域以外はきこえぬ。病者はきこえる。直接に頭にきこえる。イヤラシイ、キタナイことがきこえる。内容は当人の生活史からくる。

考想察知など、Jaspers

————

○　動機、心情、厚意への敏感と行動の過程への配慮推測なし。

Question　　1）不眠?　ずっと使っている。

　　　　　　2）疲労

　　　　　　3）法政→

　　　　　　　　在英中→Bonusはわるくなった

　　　　　　4）VGの会→萩原さんのとき、つかれた、つかれた。

　　　　　　5）坂本［義和］氏―学生時代から。

6）稲葉氏問題への対応の仕方。

　　——学校教師のみを問う

　　——稲葉氏の病気は不問。

　　Wahn か Schizophrenie か

　　Schizophrenie の分類の一、

○　Wahn は生命力の充実はある。妄想以外は不自然もない。

　　幻覚は大体ない。Milieu bedingt、性格の発展、Entwicklung（肉体次元の変化はない　二元論にもとづく）である。Paranoia frage は characterlehre 了解可能である。

○　Schizophrenie は生物次元の代謝の変化である。

　　それは Prozess（過程）？　イカイヨウ、肝臓ガン、肉体次元の変化をキソとしての変化。

○　Krepelin から Gaupp へ

1、Krankheits-einheiten（疾病単位）というクレペリン的 Denkschema から、multidimensionalen Dianotik（多次元的診断法）へ。

　　（ある病像をそれに含まれる全因果因子について分析する。der Analyse eines Krankheitsbilden auf sämtliche in ihm steckenden Kausalfakturen）

2、不治から、精神療法による治癒へ。

　　（dass Wahnkrankheiten nicht heilbar wären）

　　dass bestimmte Wahnkranke psychotherapentisch heilbar sind

分裂病の Merkmal

1、人間には自分は未知、という一般的条件が拡大される。ドギック発現する。

2、病的過程と一般過程との結合。

　　（代謝の変化からくる）？

、みすずの巻頭言の如きもの

                     ぬれていて、もえつかぬ

、時評の如きもの

、セミナー回想、総括

、抽象能力がおちると困る。

　　　丸山　嫉妬説
　　　　　　西郷信綱に弟子を奪われる怖れ、云々
　　　　　　　　　　　　　　　　　unverständlich

12.10（金）　1．掛川
　　　　　　井村先生あす1時ときまる
　　　　　　丸山先生と昨日 tel. にて話した
　　　　　　　　法政、内山より病気見舞（内山、無能のためF
　　　　　　　　が一生懸命補正した人）
　　　　　　　　そのあとで、"最近Fがおかしいという説あり"
　　　　　　　　という
　　　　　　　　M——Fは元気にしている、といったが、自分
　　　　　　　　はショックを受けている。対外的に流れると困
　　　　　　　　る。
　　　　　　　　Fは他人に比べればneuroticであるが、
　　　　　　　　Fとしてみればnormalだ、と思う
　　　　　　　　しかし、稲葉事件の反応が出てこぬか、心配
　　　　　　　　だ、自殺とか。
　　　　　　　　松沢［弘陽］氏がMのところにゆくので、一緒
　　　　　　　　にどうかと云ったが、断わった。
　　　　　　　　萩原氏曰く、やつれている。
　　　　　　　　F当人は聖書と論語を読んでいる。
　　　　　　　　大事なのは、まわりの人が、これまでと変らぬ
　　　　　　　　態度で、接することだ。
　　　　　　　　心配でいたたまれぬ感じ。
　　　　　　　　それは、人格崩壊的な面があるかも知れぬが、
　　　　　　　　すぐれた魂であり、抜群の能力であり、これを

　　　　周囲の人が守らねばならぬ。

　　　　井村さんの結果をきいて、自分も説得する。

　　　───────

掛川　内山氏にもれたのは思想の科学の tel. で鶴見［俊
　　　輔］氏から（その姉妹が内山夫人）行ったか？

　　　───────

藤田　夫人に tel. する
　　　○年末調整の件

　　　───────

掛川　Fよりアドルムを頼まれた。医師は多すぎる。
　　　抵抗を感ずる、副作用あり、協力できぬ、社会的に
　　　見たら Zero。欲求不満あるか、判断力を狂わす
　　　云々、それを全部、F夫人に伝えた。
　　　Fは胃が痛んでお灸をすえている。
　　　丸山曰く、綜合判断を要す。
　　　この10年来スイミン薬常用、量は同じだが。6〜7
　　　時間ねむる。

12.13（月）　1．F氏　稲葉 Schmitt ゲラ戻る。
　　　　　　　　　　あとがき1ページどうか。

12.14（火）　掛川氏
　　　　　　　丁度Fと話した

　　　───────

M先生は井村先生に、Obi. 掛川の云ったことは全部秘
密で、自分だけの責任で、Fがスイミン薬で困ってい
る、それをくれるよう、井村先生に tel. され依頼された。
M先生は一方、F夫人を呼ばれセンエツだがと云って、
井村先生に当人が月曜日11時に行くように、云われた。
（このとき、法政からの内山氏の tel. のことも云い──
当人には云わぬよう、と云って──心配だから奥さんの
協力をたのんだ）──F夫人は心外でおかしいと思っ
た。M先生は、F夫人がFを元気だ、と云うので、これ

にショックを受けられた。

Fは月、11時に行った、井村先生は"時々は見えなさい"云々と云った。

———

F、本人曰く。

自分は何でもない。井村先生は先入見を以て、ソーウツで循環している云々。自分は否定した。自己認識で大丈夫だと云うのに、以てのほかだ。

M先生については学問的には尊敬するが、人間的にはどうかと思っていた。自分はこれから、孤立して、ヒトリでやる。VGの会も失礼する。云々

———

K、曰く

M先生が全責任をとって、ひっかぶってしまわれた。

———

F.　17～19　国に帰る由
　　井［村］、病人を見る目で見た、と怒っている。
　　M先生には今回については有難迷惑でした。
　　2週間後にこい。これに反撥している。

12. 15（水）K.　F夫人が掛川氏に怒っている、泣いている。
　　　M→井
　　　　tel.

tel. Mは念を入れて、私はセンエツだが医師にもらった方がよい——

本人に病院にゆくように

F夫人　そうではなく妻の証言を信じない、
　　　　妻のことを訊ねられなかった
　　　　ほっとけば緩和される面あり、
　　　　Fのことを、
　　　　Fが弱っているから、気をつけてくれ、
　　　　私は省三氏が可愛そうだ、と思う

KはNeuroseギミだという。

M先生も、――M、

[12.16の項に] 12／15　藤田氏

1．稲葉氏の件

遺稿集、追悼文集が出る

歎異抄覚え書き、はよい（1959）

有賀［弘］氏と武蔵［高校］での同級生。

1．Schmitt　印税5％

序文を編集者の名目で書く（議会主義にもいくつも
ある）

1．セミナー総括

西田［長寿氏息女、みすず書房嘱託、セミナー担当］
さんなどと一緒にやりたいが、取敢えずの総括をす
れば

a．一応は成功と見る

b．自分への負担が大であった

4コース10回はムリ。

1、西郷［信綱］氏は4コースでつかれ、内容的に
は7、8、9回が下ちた。現在でも、次の仕事に
とりかかれぬ状況。

2、斎藤［真］、有賀［弘］コース

初め斎藤さんだけだったのが、予想のようにゆ
かぬ。

研究者能力と教育能力とのちがい、

分け方、Hobbes　　1時間、
　　　　　　　　　　　　　　　がムリだった。
　　　　　　Rousseau　1時間、

多忙で、学校との関係もあって、予定表は分キ
ザミのノートという有様。

斎藤さん、9月終―10月初にとれるか、という
のは非常なムリであった。

3、脇［圭平］コース　　初め1回、ワイマール文化

2回分　これはよい、

c．人の集まるのは ⓐテーマ

　　　　　　　　　ⓑ講師の知名度　による

d．高かった、絶対額（7000円）が大きすぎる。

　　回数4〜5回で、2,500円くらいはどうか。

e．1月ならば通える、10週間とることの困難さ。

f．講師として

　　　1回1回に新しく、というのは、講師の方が種

　　　切れになる。

e．次の開設コース　　2course
ママ

　　　4〜5回としたら

　　　秋

　　　毎年やる、2〜3年はつづける

f．江沢［洋］氏のこと
ママ

　　　やったらよいか、やらぬがよいか、分らぬ。

　　　みすずとすれば、自然科学が入るのはよいが、

　　　セミナーとすれば？

　　　小尾→松井［巻之助、みすず書房編集］と相談の

　　　こと

g．藤田氏

　1、勉強にならなかった。

　2、狂言廻しだけと思ったが、結局、やらざるを得

　　　なかった、これが大変だった。

　　　　　　　月 火 水は　夜11−12時

　　　　　　　　　　｜　　｜

　　　　　　　　西郷　　脇

　　　好きでもない酒のつきあい、その次の日に

　　　影響する

　3、自分の最小限の勉強は木曜一日しかできなかっ

　　　た、

　　　イギリスから帰って、できなかった、

Seminarの準備に入って、できなかった、

4、 古い方（日本の古典）
  漢文　　　　　　　　　　について原始的蓄積
  万葉ガナ

5、これからの処遇問題

　　F、曰く、

　i　無給の顧問はどうか、個別的、相談毎に支払
　　うのはどうか、Ideaについて、個別的に、決
　　して、高くなく──

　ii　訪問のときにミヤゲを持ってこぬことで、月
　　10,000はどうか、

　iii　（サイゴニ）月々30,000は。なるべく低く
　　してくれ。

　　これは4月からの話。

　iv　秋のcourseの企画料として出すか。

　　二本立て？　　一本立て？

6、勉強したいこと

　日本における儒教の受容史。

7、 セミナー を 新聞の広告 の如きものと考え
　て、予算を計上し、かりに20万の赤字の枠内
　で、セミナーでも、岩波のように車が廻れば、
　欠席はないはず。その点──
　事務上の責任から解放されたい
　みすずセミナーはみすず書房のprestigeのため
　の支出である、と考える。
　企画を企画として買うこと。
　しかし、これは日本の慣例には反したことであ
　る。
　だからできるだけ安く。
　出版社として、片手間であるから適正規模で
　の、良質なものをえらぶ。

日本の古い時代への関心が高まっている。
　　講師案　　自分が交渉はやる。
・日本書紀（推古紀）　　　　　　　　　石母田　正
・　　　　　　　江沢をおとすか、どうするか。
・西洋のテーマを入れたいが、人がいない。
・中国もいない。　　　竹内好：魯迅　講読くらいか。
・長期展望　一回に一人くらい、次のような人が要る。
　　　石母田　正
　　　丸山　眞男
　　　竹内　好
　　（寺田　透　　道元は内容がむつかしいから）
　夢中になってやる人でなければ、概説に堕してしまう。

Obiの感想　（均衡機能について）
１．朝日——朝日無能について
（F）そうではない
１．個々の本（出版物）によって裁かれねばならぬ。
　　いかに社会的機能を果すかという問題。
（F）一冊一冊も問題だがgeneral tendencyが大事だ。

・記紀への対し方
　　丸山先生でも、外から見る感じを免れぬ。
　　内から見なくては、Orientationができぬ。
　　他人から云われる、例えば、西郷［信綱］さんが云う、その個所の適切さについて、西郷さんも云うが、拟て、自分で指摘できるかと云うと、できない。

————

・家庭で
　　よい夫、よい父として
　　子供のクリスマスの祝いのために、イナバ氏の友人による文集の会に出なかったので、その序文を書け

と云われた。——まだ、どうしようか？

スタイルの統一への要求。専政君主的・感情の Machiavelist

その場における心の安らぎと平和——

———

・意味的・評価的に捉えられたもの以外は存在しない。
　⊕、⊖　とも

・事務的なこと、自分が当事者で約束したことでも、
　その後で関心がなくなると、意識からdropする。
　Elton, Political History
　前には有賀、成沢［光］、藤田三人の共訳でやることになっていた。
　しかし、昨日は、やめてもよい。高見［幸郎］さんのような英語のできる人の方がよい。
　すっかり失念していた。
　有賀氏は、16日朝のtel.によれば
　72年春からやろうか、と思っていた。由、
　藤田氏と相談してほしい、と伝える。

———

・意味から意味へ。である。
　dropした裸の事実からの復讐。
　自分がつまらぬと思ってくると、それに関連した以前の事柄（約束とか、他人との関係）が全部dropする。

・田舎へ　17日から鉄砲玉のように行って帰ってくると、週一回は、みすずへゆく。3月までは。

・自分でもらう給料まで、自分で決める。

———

K、Fの全ブ切りすてる考え方ではダメ、
　　中間をとる、
　　それができねば、現実的処理はできぬことになる、
　　と昨日云った。

西郷さんも<u>アドルム</u>については直言された由。

12.17（金）　丸山先生　太平策

12.18（土）　掛川　カレンダー［『みすずカレンダー』'72年の図柄はゴッホ］10ブ

Fと会った

10年前思想の科学批判を書き、鶴見［俊輔］氏が<u>ウツ</u>になり、それで、Fも<u>ウツ</u>になった。

それからアルコール、スイミン薬をのみ出した。

ひどいときは、家の中で、手がつけられぬ。（夫人の言）

当人曰く、2－3年感じやすくなった。

14〜5年前は爽快な感じ──法、助教授の初め頃は、勇壮活溌の感じ。

"コーラを＿＿＿したカニ"のようだ。（Kの批評）

| セミナー用企画費　10万円 |
| 月々　3万 |

Fの考え。

<u>中庸を学べ</u>と云った（K）

アルコール、スイミン薬をのまずにいれぬ雰囲気をつくらないこと。

12.20（月）　掛川

K［掛川］－M［丸山］－Ｉ［井村］

引き受けた

Ｉ→Ｍ

Mが tel. すると云った、

Mが外へ出ているので<u>アイサツ</u>できぬ。

────────

M→"メサイア"　　さそった。

────────

Mは、

井村さんが<u>循環</u>していると云ったことから

Schock、<u>ソー</u>と<u>ウツ</u>、僕は<u>ウツ</u>

井村も誤診するね（F）

前の金曜日、自分はウツだが、躁状況をとること、と云っていた。

──────

そのあとでShock──初めて自殺を考えた。

循環

今は落付いている。1／2

12. 23（木）　1．丸山　　　福田［歓一］氏が話した。

○喋らぬことになっている。のに、洩れて困った。

（みすず、学校の件）

12. 25　　　［別紙］

掛川

　井村

　手紙で失礼

　F夫人からtel. あり

　病院へ、半強制的に行かされたことが、怒っている。

　ここがpoint

　自分はウツだと思っていた

　循環したといわれているのが、納得できぬ

　井村でも誤診する

　　　一方、不安感あり

　　アタマが働かないのだから、殺してくれ、

いいときは普通だが病気で"誤訳事件"*がひびいた。

戦後精神の体得者が生きられなくなった。

その象徴。

［＊『現代議会主義の精神史的地位』初刷について、読者より誤訳を指摘された件を指すと思われるが、初刷の刊行は1972年2月なので、ここでの言及は不明。12.25の日付はのちの別のインクによる書き込みなので、あるいは2.25の別紙の混入か?］

————

実際の井村先生の感じ（?）

自分（夫人）が井村さんところへゆく。

夫人はSeminar——順調と思っていたが、

病院のために、ウラメに出た。

何かあったら、夫人から井村先生へ連絡する。

しばらく、そっとしておく

　　　　静観しておこう（M先生）

○H.Arendt　高野フミ　さん［『暴力について』訳者］

12. 26　　　tel. 高野フミ——Arendt, Pentagon Papers

12. 28（火）　Fより tel.

　　　　○昨日、石母田正氏にゆく

　　　　　　セミナー（1972、秋）

　　　　　　日本書紀は保留、何かやる。

　　　　　　"万葉集"（回数限定する）

　　　　　　時期については、打合せる。

　　　　○4〜5回　酒を切って寝たら勉強できる。

12. 29（水）　井村先生

　　　　F、入院の必要なし

　　　　時々外来にくるよう

　　　　井村氏、牧原氏、F、三人一緒に話した

　　　　（Shockを受けた）それはこーだ

　　　　Manieの繰返しがある、それがShockだった。

　　　　この前は云わなかったので、あとで一度は云っておかぬ

　　　　とまずい、と思った、というのは今度予防するときに、

　　　　時期を失するおそれあり、

　　　　M、K、Manieのとき、exciteするとき、かつ攻撃的にな

　　　　る。

　　　　1．朝、井村先生　9時

　　　　　　本人がある程度知っておかぬと予防できぬ。

　　　　　　本人が押えきれぬものはすぐ相談にきて、薬をのん

でもらえばよい。

近頃の薬はその予防に役に立つものあり。

しずんだ時よりexciteしたときが社会的に問題になる。

大抵の患者にこれがあり、

一度は云わねばならぬと思っていた

————

今は沈む危険あり、

沈む　　イライラ　　ヨワイ

　　　　不安　　　　　　Weiche　depressionではない

　　　　　　　　　　　agitierte　　　　　である

　　　　　純粋なdep.ではない

　　　　　循環ではない

————

入院前の経過はわからぬ、

　　環境的factorが大きかった。

————

その後のヨウス

　　M、分裂病の心配?

　　K、　〃

今度改めて、恐らく分裂病ではないと思う

pace（ファーゼ）

　　geritzte Manie

　　刺戟的なマニーの形で攻撃的になる。

————

MD

長い経過でクライスに入る。

本人に会ってみるとMDの感じ。

　　　　　　　Manie（躁病）　Depression（抑鬱症）

才能あり純粋な人がああいう病気に多い

————

分裂病とは違い、才能と関係ない、感情の病気である。この点は説明すべきだった。

| 知　情　意 | ——— | に関する |

　　　　　　　循環で

　　　　　　（母ははっきりしていた）

exp.　Goethe

　　実業家、政治家、作家にもある。

　　筆の早くて、ある時期に書く。

　　　　　　　　作家

　　―――――

　　井村をなる。[?]

　　―――――

　　三木［清］、戸坂［潤］理論的な仕事だけやればよか
　　　　　　　　　　　　った。
　　　　　　　　　　　　それだけでは気持がすまなか
　　　　　　　　　　　　った。
　　　　　　　　　　　　若い人は実践に入り捉まえら
　　　　　　　　　　　　れた。
　　　　　　　　　　　　学問的生命にひびく

1972

［丸山58歳、藤田45歳］

1. 6（木）　掛川

F夫人より tel.　Kに対し当人が怒っており、御無沙汰するがあしからず。Mと team を組んで、というようにとっている。植手さんも team に入っていると見ているかも知れぬ。

Misuzu の金も高いと cancel してしまいたい由

西郷さん、古典学との gap を気にしている、

そっとしておく

丸山先生は肝臓の数値がおちた。

相当ひびいたらしい

Fの、"仕事と学問"についての危機。

萩原氏、会った、これにも警戒している

1. 7（金）　藤田省三

・年賀状

・Schmitt あとがき。［編集部名］書きかけてみたがうまくゆかぬ。1頁足らずになるか。

・1/9午後

今日、午後来る

1.11（火）　1. 藤田氏

あとがき［1月10日付］　持参

昼　　橋本［聡子、みすず書房編集］、西田［みすず書房嘱託］氏とソバや。

1.12（水）　1. Tel.　藤田

14日12時

ソライ　河出版の件

監修者　今中寛司　"ウケオイ"であろうが　河出センモン家。それなりにやる。

１）当方の見通し甘かった。

当方の広告が出れば、向うがやめると思った。

こちらのauthoritarian personalityを感ずる。

（丸山先生の考え──それを受けた自分の考え
が甘かった）

２）向うも相当やると思う。

1.15（土）　1. 藤田氏　　12時　　　スシヤ　　500円（O）

コーヒー　200円（F）

- Schmittの広告ゲラの訂正
- 徂徠プラン

、学問論一巻入れる

、テキスト部から、よからん

、3levels

1）text

2）読下し、解釈篇

3）研究篇

- Practice of History 一人ではできぬ、江戸論文の
ためおりたき由　　宮村［治雄］
- Political History　　有賀［弘］
成沢［光］　　　研、中断

まず有賀、次に成沢

東大教養、　　　　氏がよからんか
- Crossman　成沢
萩原　　　共訳よからんか
- セミナー　プランのみ

実ムはみすずで責任

石母田氏"書紀"

"万葉"も

然るべきときに、こちらから伺う
- 条件

1−3月は従前通り

　　　　　　　4月から顧問として
　　　　　　　　　（この言葉は今日は云わず、この前に云っ
　　　　　　　　　たかと思う）
　　　　　　　実支払額7万（月）
　　　　　　　意見の提供のみ。
1.17（月）　1．萩原延寿
　　　　　　　藤田氏　　みすずとの relation は？
　　　　　　　　　（大分 hidoi koto o itte ita rashii）
　　　　　　　　　So shita Kanji
1.24（月）　丸山先生　　3時―4時40分
　　　　　　　藤田氏
　　　　　　　掛川氏はnormalなために、とくにFのことがabnormal
　　　　　　　に映るが、元々から考えると、性格的なもので病理
　　　　　　　的だとは思わぬ（思想の科学とのときも、そう思っ
　　　　　　　た）しかし彼は、mental crisis の只中にある。それ
　　　　　　　は法政をやめたこと、現代と政治が嫌いになったこ
　　　　　　　と、古代に向いたこと、みすずをやめても、この
　　　　　　　mental crisisはつづく。
　　　　　　　（Seminarのことが生理的にこたえた。）事務と講師
　　　　　　　を兼ねることは無理だ。現代と政治学がきらいにな
　　　　　　　ったことについて、自分の方向が影響を及ぼしたと
　　　　　　　すれば、責任を感ずる。
　　　　　　　自分は、ずっと、政治学と政治思想史をやるという
　　　　　　　ことについて、根本的な矛盾に悩んでいた。
　　　　　　　ずっと政治学に人がおらず、また東大以外に教育者
　　　　　　　養成の機関がないために、やむをえず負荷が大きい
　　　　　　　が、やらざるを得なかった。
　　　　　　　例えば、京大では、全然、養成がなされておらぬ。
　　　　　　　自分が古代をやるということは、日本政治思想史と
　　　　　　　しての一貫した連続性と、全性格又は底を流れてい
　　　　　　　る潮流の把握のために、やむを得ぬのである。

藤田君が西郷［信綱］さんや……［石母田正か？］不
安と模索、mental crisisの実例
とにかく極端にふれる……
ずっと会っていない。
Seminarが、他の出版社社員の集合所になったのは
面白くないね。
岩波の吉野源三郎夫人も、藤田ゼミに皆勤の由
（丸山happeningのことを年賀状に書いてあった）
みすず、後継者の養成について一君万民で、中間層が
いないのでは困る。岩波の小林［勇］、吉野［源三
郎］氏にも云うのだが。
Maruyama―Fujita　性格の類似はあり。
Kakegawa氏の如き平均的常識人からみれば、
abnormalにみえる。またabnormalなものと創造性
とは不可分である。
徂徠全集について
　　1．目次凡ねよし。
　　1．編集部を設けること
　　　　　　国文・漢文とも
　　1．個別的に外部に委嘱すること
　　1．凡例のみ。
　　1．漢文（原文の引用の間違いを直す）
　　　　　　島田［虔次］さん（?）のような人にきく
　　1．国文（江戸期の俗語に通じている人）
　　1．論語徴
　　　　　①白文textのまま（凸版）
　　　　　②論語本文（返り点を付す）
　　　　　③徴（返り点付）｝組版
　　　こうすれば、集覧とも違う。仁斎全集とも
　　　違う特色が出る。
　　1．弁道　　宇佐美［灊水］考注を入れる。（原

注?）

返り点をつける。

1．別に研究篇を出す。

1．特色として、江戸時代の注釈を入れる。

岩波版、学則、西田［太一郎］注、不満多し。

吉川［幸次郎］氏へ　?つきで渡した。

1．別巻　　文会雑記 etc.

1．岩橋［遵成］── 為学初問（周南）── をソライとする。（宣長随筆集）

1. 25（火）　藤田氏

1．成沢［光］氏　無教会　旧約のために Hebrew をよむ人

Elton はできると思う

1．有賀氏、英独、確実にやる。早くやる。

1．徂徠全集

── 古典学（経学と漢文学）

1．銀の塔にて

1．原書店　　本5～6冊

1．文明シリーズ　よくはないか。

Mauss

1. 31　　脇圭平氏

• Arendt, H. の件

樋口秀雄氏28/9歳、同志社法学部所属

Origin, Human Condition をよんだ

今、Michels, Political Parties を訳している。

On violence（text 版あり）を text とした。

初め Emerson をやった。

2. 10（木）　書評（植手［通有］）── 400字10枚～20枚

• 丸山　"現代日本の政治と行動"［『現代政治の思想と行動』］

　　　　　　"日本政治思想史研究"　　　藤田
　　　　　　　（昨日、研究について、
　　　　　　　安仁［安東仁兵衛］、と読書会をやっている、
　　　　　　　ソライを除けば、何だ、
　　　　　　　初めに、Hegel のやつなんか
　　　　　　　置いて）云々

書評（Fujita）

1．　• Ogden Richards, Meaning of Meaning

　　　• E. Cassirer, Symbolishen Formen

　　この2冊は同年に出た。第一次大戦前のイミの崩壊
　　を受けて、————。

　　第一次大戦後に現われた新しい学問

　　　　　　1）言語学

　　　　　　2）考古学（'30年代は、考古学的発見の時代
　　　　　　　　　　　　であった）

　　　　　　3）人類学

1．Neumann, F. "政治権力と人間の自由"

　　　　　　20c. の遺産

　　　　　　ノイマン世代の終焉

　　　　　　30年代の遺産（日本では、今が30年代）

1．なぜ「自由論」は売れないか

　　（明治でも Mill の訳は出たが、殆んど影響力なし、

　　日本における読者の問題）　　　　　山下重一（?）

　　Schmitt　　海と陸と
　　　　　　　議会主義
　　　　　　　政治的なもの　　　　　新田邦弘［邦夫］
　　　　　　　政治神学

2.15　　1．Tel. 藤田　本と Schmitt

　　　　1．掛川　20世紀の民族移動［亡命の現代史1］
　　　　　　　　　　—亡命の光と影—

　　　　　書評

学界の現代史（研究問題史）

- いくつかの領域
- 下意識での要求
- 1点又は数点で。
- 署名いりで
- 量はcase by case

植手　"朱子"

萩原　"Berlin"

脇（新田［邦夫］、有賀）"Schmitt"

（今井清一）　イギリス現代史（テーラー）

　　　　　　　　バラクラフ

　　　　　　"現代史の問題性"

萩原

　　　　　　（日本の古代）

　　　　　　ノイマン

2.19（土）　1．掛川、VGの会、出席5人

　　　　　　有賀弘氏──一人へのささやき

　　　　　　有賀→F－（東大の件）

　　　　　　"東大"の件が、中断、不当代理されたこと

　　　　　　について怒る（Mが、Fについての見方、

　　　　　　　Theoretische Menschであって

　　　　　　　より、Macht Menschではない）

　　　　　　　この考え方について、根本反省が客観的に

　　　　　　要請されたことになり、従って、これは理

　　　　　　論的には何でもないが、生理的なレベルで

　　　　　　の病気に悪しく反映するオソレあり、

　　　　気の毒なのはMである。

　　　　"これで反逆と決めました"（Fの言）

　　　　表面の理由は、病院へ行かせたことが謀略的であ

　　　　る、と云って怒っているが、その根底の理由は、東

　　　　大問題であろう、東大問題は表に出せぬ。

関係ない第三者の言によれば、

"Fは反逆したので、東大Postを拒否された、つまりMはremote controlできないので"云々。

驚くべき、あさましき、推測。

［2.20 『現代議会主義の精神史的地位』刊行］

2.20（日）　K氏

丸山さん　湯河原にて、4〜5日前

Fの件　　ムリすることない、時を待つ、自然の機をまち、充分の時間をかけて、話すから。

しかし、〈失望、落胆、怒り、情なさ〉が感じられる。

話がつき、余裕をもちうる自信がえられれば、Fにゆき、その結果を以て、伺いたしと思いしが、云々と云ったら、

特に何とも、云わず、とくに制止もしなかった。

2.22　　　1．藤田

F.

書評

福田　近代政治学理成立史序説

田中　治男

前田　将博

有賀　　弘

河合　［秀和］

半沢　孝麿（都立、'30代のイギリスを"思想"に書く）

Berlin, Schmittを含めるか

———————

宮崎市定（科挙）

重沢俊郎（社会構成史大系"諸子百家"ソボクな社会学）

———————

亀井　孝　　Pragへ留学　戦前　亀井高孝氏の息子

［2.25　ここにP.99の1971.12.25の別紙メモ入るか?］

3.15 　　　　連絡

　　　　　藤田省三　・向田［博］氏ニヒリスト［グループの社
　　　　　　　会史1］別送の件

3.23（木）　1．藤田氏　　杉山光信氏の件

　　　　　1．3時　大久保［和郎］、大島［かおり］、掛川
　　　　　　　　　Arendtの会

3.27（月）　1．萩原延寿

　　　　Schmitt、議会政治

　　　　　すごい本。Fに昨日会った。

　　　　　こちらの方？

　　　　　うっかり読むと、擁護的、理解的

　　　　　Marxism簡潔な表現で捉まえた、

　　　　　こちら側が、捉まえられてしまった

　　　　　英、日常議会──対置、 discussion

　　　　　違ったものの理解力

　　　　　 Churchill

　　　　　ああいうdynamicな考え、

　　　　　Berlinは手抜に見える、Sorelよいが、手抜

　　　　　ドイツ流Hegelの弁証法的論理の対決。

3.28（火）　藤田

　　　　信販下で昼食

　　　　　1．保険証をもらう

　　　　　1．来月からは、定時出社なし。
　　　　　　　用事あるときには、tel. して、打合わす
　　　　　　　その上で、来るか、行くかきめる。

　　　　　1．月ぎめは多すぎるというが、これは一応きめたのだ
　　　　　　　から、一年このままで、そのとき改めて相談する。

　　　　　1．外国旅行の事を話す、それはよい

3.29（水）　1．掛川氏　4／1　丸山先生にゆく
　　　　　　　　　耳きこえぬ、ストマイよりつよい薬が残った。
　　　　　　　　　風邪ひき直し

　　　　　F夫人の話　　４月から出なくてよくなったのでほ
　　　　　っとした。（３月までは週一日）
　　　　この一年こうしてやる。生活に困れば又大学へゆく。
　　　　昨年３月、"完全な自由"をほしがっていく。
4. 2（日）　藤田　杉山［光信］、セミナー秋
4. 3（月）　掛川
　　　　1日 丸山先生 資料のこと、すすんだ。そのあとFの件、
　　　　すべて虚構である。後任の件は、開店休業。
　　　　妄想だけでなく、第三者がいると思う、しらべる。
　　　　3年前やめる話のとき後任を先方で2－3人あげたが、
　　　　そのときFの名出た、くればよいが、きっこない。
　　　　安東仁兵衛曰く、目の色おかし、出席者が云う、
　　　　　　先生をやっつける、
　　　　萩原延寿のショック、Berlin はつまらぬ、
　　　　　　liberal+ambiguity はよくない
　　　　Fの言葉 "御威光デス"。
　　　　この一週間くらいの感じ、それまでは落着いていた。
　　　　しばらく前M―F（tel.）
　　　　　　　　①はじめルス、あとで伝えてくれ
　　　　　　　　② tel. なし
　　　　　　　　③子供出た、しばらくして、F出て曰く
　　　　　　　　"あれは郵送しようと思っていた"云々

　　　　古事記解釈　西郷［信綱］解釈は祭りに捉われすぎてい
　　　　る。津田［左右吉］と逆
　　　　Lévi-Strauss の悪い影響の受けすぎ
　　　　他の神話と違い、日本の歴史意識の特質は、神と人との
　　　　連続にある。神話一本やり、一辺倒は間違い。その重な
　　　　っている点に無比の特質あり。西郷のよみなおしが必要
4. 6（木）　1．掛川氏
　　　　F. M. 東大法Problem は全くの虚構。

F＝分裂病か。F夫人が相乗作用的。

"日本の思想"よりイザヤ・ベンダサンの方がよい。

"WeberよりCarl Schmittがよい"云々

やられた方は意識することないが、やる方は、

勝手に思いこんで傷つく。

丸山批判　　どこまで甘えているか。

小尾批判　　どこまでナマイキであるか。

　　　　　　ひっぱたいてやりたかった。

　　　　　　"魔の山"のあと。（脇）

　　　F　　"僕の方へヘナヘナとなって来たのでやめた"*

　　　　　　[*脇のトマス・マン論を引き取って、小尾が筋違いのロマン・ロラン論を展開した。マンの非政治的人間の意味をロランの反戦思想marglé moi（われにも非ず）に重ねた。Fと関係した数年で、最も危機的瞬間と小尾にも鮮明に記憶された。ただそれを小尾は「妄想」の表れと理解した。]

　　　　　　ドアのところで藤田さんに待っていただきたい。

　　　　　　そのあと、脇さんに"どこか大学はないか"という。――京大の話はその時にでた。

"維新の精神"のとき

　　　みすず批評で、"校正はアライね"

　　　重版が貰えず、買わされた、ひどいね。

荻生徂徠をなぜ降りたか。

F曰く、校正部の弱さ。

　　　　　実力がない。

　　　　　企画に対しgapがありすぎる。

　　　　　とても、一緒にやれぬ。

本年度‘年賀状’全然みず

未来に原稿を書いた。

みすずを批判し、未来社に親和的。

未来社は、本の売り方がうまい。（天皇制国家の原理）

みすずは新刊通知だけで、あとほってしまう。

これと色刷はムダ、黒白で回数をます。

K曰く、Fにおいては感情の流通が第一義
　　　　　　そうでなければinformationなし。

先生のF観ゆらぎ出した

植手氏の煽動なきや

植手、Fに先生批判をやってくれ云々

F

植手——Fは天才

掛川——Fが天才なら、Mは大天才

松下圭一氏は、Fが法政をやめるときF夫人に"認知について錯乱あり"と云った。

法政紛争にみすずセミナーと重なった、——怒り

大学の傷、セミナーの卑屈、日本の名著の印税はいくらになるかと聞く、（中公編集者ビックリ）

Fのやり方、大学 法 問題

　　①一番に話す

　　②断わる

　　③それが衆知される。

　　④それをのぞむ（下意識において）

　　　　自分を除いて断わることは承知できぬ。

　　　　一度どうですかと云わねばならぬ。

————

M、2日ねないで攻撃が回転した。

M、下意識によって支配されるならば、
　　Fの思想はどうなるか？

K、下意識が支配的になると、コントロールできない時期がある。

本音とタテマエとのgapが大きすぎる。

その時にガタピシが大きくなる。

FのM批判。

<u>自分だけが立派でありたいという言葉</u>

（先生の"忘恩の徒"と<u>なりたくない</u>）

現在の問題

    ①Fの問題

    ②F＝丸山の問題

    ③法学ブ問題

MがFのところへゆく？

刺戟つよい。

先生をやるか、自分が死ぬか？──Scandal

その前にKがゆく。

昨年の9〜10月がカギ。

4. 7（金） <u>F、Problem</u>

    掛川氏─M

  1．M氏、Schmittの誤訳訂正については、当分Fに見

        せぬこと。

      訂正のものはMへ送ること。

  1．福沢論はKがM氏に持参する。──Copy

  1．Fがみすず入社して第一に云ったこと。

      Obiの態度が激変した。

  1．丸山先生は、わざわざ呼んで

      社員になるな、顧問たれ、と云ったが、

      Obiにわるいといってききいれなかった。

  1．当人は別室、一人でおいてくれると思った。

  1．Involveした当事者には何もいわぬ、

      奥さんは、これを、気の弱さという、

      我慢していて、爆発して、ハタ迷惑となる。

  1．訳書［『現代議会主義の精神史的地位』］の件。1ヶ月

以内その上でadvice。

1．F－Mの電話の内容の一ブ。

　　“読者に対する責任”は感じない。

1．Mは、Fが掛川さんとの協力を切ったことを重要な

　　変化とみている。

1．植手さんの立場？

1．F夫人より昨晩、あいたいというtel.

　　時はそのうち、（夜12時）

1．<u>サッポロ・ライト</u>　先生がカギ。

1．Schmittの訳

　　　　（共訳のこと、起りやすい。）

　　　　情緒面での低下。

1．Identity － Crisis

1．MがFについて“西洋に関心があって東洋にはな

　　い”といったということが、決定的にひびいた。

1．敗れたことへの口惜しさ。

　　一番信頼している人に裏切られたというpattern

　　・トゲある気分の昂揚

　　・分裂病における<u>ウツ</u>と昂揚

4．8　　　掛川氏

1．昨日萩原氏にあった。

　　・Fの印象。灰色の<u>ゾーキン</u>の印象。

　　　　　　　穏やか、生気なし、西郷［信綱］氏に

　　　　　　　関心を失なった。

　　・Fとみすず。情ないやつ、出社させる、甘やかし

　　　てはならぬ。

1．Kの友人、四国から帰って、依頼されていた忌部氏

　　についての報告に対し、もう<u>アレハイインダ</u>という

　　のに吃驚。

1．丸山先生曰く、

"文学のひろば"（岩波の"文学"）への原稿依頼に
たいし、F、思想大系の批判なら書く、<u>よろしく</u>

やはり書けぬ、やるなら、まず丸山批判をやらねば
ならぬ、そのためには東大法の批判をせねばなら
ぬ。そのためには東大批判をせねばならぬ。

岩波編集者曰く、何かFは変ではないか。

Fは思想大系のなかでは平田篤胤に関心あり、その
古代ヨーミ［妖魅］考。（原始感情、踊る宗教、幽
界の世界、Stravinsky）

1．丸山先生、昨日はShockで寝ていない。

1．植手からMへtel.あり。

  A　チクマのこと、何でも手伝う。

  B　VGの会、休んですまぬ。

4.10（月）　1．掛川さん　　F＝みすずセミナー処理の件

  A　萩原延寿氏　謝礼の件

  B　脇さん　陳謝の件

  Fとの関係はやめて。純粋な第三者を立てる→
  入院。

4.11（火）　掛川

F、Problemついき［追記］

M先生一寸茫然、結婚以来はじめて。

昨日10時—12.30までtel.

自分に対し何を思っているか、何でも詫びる。その上で
病院にでも。

何とも傷ましく、心残りである。

手をついてでも　わびる。

この件では、M夫人とも対立している（夫人は病人と
して説得している）

昨日　植手氏、先生宅を訪問。

 •問題点については、植手氏もその渦中の人である
 から話せない。

事件の直接のキッカケは、みすずセミナーの頃、Fが訪問、先生に代講をたのむという話のあと、掛川氏の就職（?）の件で話したとき、"アワテルナ"と云って制止、強い調子で云った。

"また狂ったな"という眼で見た。（11月16日）

そのあと 11/19日に大荒れに荒れた。

F氏、最近は沼袋のクラウンという喫茶店でのみ話す由。

掛川氏

佐治［守夫］氏処方。

M先生は何でもする、詫びもする、と云うが、それは本人の気のすむ丈けである。

その前にKがF夫人と話せるかどうか。

第一に、F夫人に、"Kに会えるか"をきく

第二に、会えぬとすればその理由は？

F 夫人に tel.したところ。

感じは、なつかしそうで、変りなかった、

あなたにお目にかかりたし、御主人省三氏にも会いたいがどうか。

F 夫人曰く。Fは会う気はない、私も会うとすれば気が重い。

その理由は一つ、丸山＝掛川が、省三を病気としていることである。

（佐治さんが、……らしいということを話せ、といわれているので）

K曰く、FについてMに話したところ、

先生は全然関与、周知していない。ショックでFに会いたいと云われている。

それはどうか。

F 夫人曰く→事実はどうでもよい。掛川さんの心配はよく分るけれども、あくまで、それはキッカケにすぎぬ、忘れてくれ。

| 省三＝丸山関係 | は、人格批判にひっかかっている。

K、その事は先生に伝えてよいか？

F 夫人、自由である。

　　　会えない、このままにしておいてくれ。

———————————

以上を萩原にtel.した。

萩原氏曰く、よく分った、もう見すてることときめた。

　　これでは、先生が、あまりにみじめである

　　三者会談をしよう（萩原）。

　　今日これから行く。

———————————

今や夫人も一体化している

4.14（金）　1．藤田省三　　加藤［敬事］氏と一緒、100円返すこと

　　　　　1．ソライ組方　学則　1頁凸版をつくってみる。

　　　　　　　　　　　　注は　8P2段

　　　　　1．章炳麟　　高田　淳——島田に批判的

　　　　　　　　　　　　島田虔次

　　　　　　　　　　　　戸川芳郎＝佐藤［慎一］（丸山ゼミ）

　　　　　　　　　　　　　　　　一緒によむ

　　　　　　　　　　　　小倉芳彦

　　　　　　　　　　　　西　　順蔵

　　　　　Selectして出すのはよからん

　　　　　1．セミナー

　　　　　連続2時間4日（5日？）の方がよい

　　　　　（聴衆の方からも、講師の方からも）

　　　　　隔週でない方がよい。

　　　　　　　・石母田　正　・日本書紀

　　　　　　　　　　　　　　・万葉

　　　　　　　　　　　中世、平家物語 花園文書

　　　　　　　　　　　　仏教　寺田［透］＝道元

　　　　　　　　　　　　　　家永［三郎］＝親鸞

- 広末　保　　近松、芭蕉
  配分ヘタ。初めに、山あり、30分あれば
  終る。
- 佐藤進一　　古文書コードク［購読］
- 江沢　洋　　Newton　聖書論 と Principia 第
  一原理との関係、神の摂理を信
  じていたから、第一原理ができ
  た関係。

4.17（月）　1．掛川氏　FのMへの反感の素因
　　　　　　　　　1）丸山工事の大工［庄幸司郎］。未来社紹介。
　　　　　　　　　その下で働いたことあり。怒っている。
　　　　　　　　　それをやるとは何事ぞ。

4.18（火）　1．掛川　5時
　　　　　　　　F曰く、Obi批評
　　　　　　　　　1、ナマイキ
　　　　　　　　　1、学者への軽蔑

4.22（土）　1．掛川さん
　　　　　　　　Happening　岩波　キッサ店
　　　　　　　　藤田、あった。つかつかと来て。
　　　　　　　　5－6回、おじぎ。
　　　　　　　　お喋りして。
　　　　　　　　元気そうで安心した。
　　　　　　　　ショックであった。
　　　　　　　　表層は
　　　　　　　　"若い人"を連れてきて。
　　　　　　　　"先生"になり代った。
　　　　　　"本物" と "偽物"
　　　　　1．萩原延寿
　　　　　　　心配して、丸山さんところへ行った
　　　　　　　"出なくてよい"（Fの言葉）
　　　　　　　11／8　退院

11／12　から出る

Fがでては困る。

――――――

萩原

1）Weberの思い出　Iron Cage［ミッツマン『鉄の檻』］

　　Berlin自由論を先にやる

2）みすずセミナー　　　謝礼

　　　　　やらなかった訳。

　　　　　本も断わった。

　　　原稿を渡すたびに、

　　　私は出ぬ、原稿でやる、カンベンしてくれ。

　　　謝礼はFが受けとるなり、

　　　一応、Fがとるべきだ。　　　　　　　諒承

　　　なぐり書きだ――素材として

　　　　　　　　その批判でもよい。

　　　書きなぐり、2日渡した。

○信義に欠けることになる。

　　　法政をやめぬ中から、塾でもやろうかという話。

　　　一昨年夏――みすず以前。

　　　社会的なお返し。

　　　みすずセミナー　については

　　　　　精神的イミで、つよくあった

　　　　　本も受け取れぬ。

　　　　個人的には諒承してきた。

　　　　――本のことも断わった。

　　　仮に20,000円

一回集まって、飲もうではないか、

それを使ったらどうか

と云ったことはある。――F曰く、それはいい考えだ。

遊興ヒ

　　　　　────────
　　　　　2回分についての20,000は宙に浮

> ────────
> Fとはこの件については相談しない。
> Oからは云わぬ。
> 有難う。

4.25（火）　1．F、　1年後、どこか仕事を。
　　　　　　　KP〔共産党〕では我党の士と思っている（今でも）
　　　　　　　法政騒動のとき、誰も三派は誰かと思ったが
　　　　　　　そうでなかった。
　　　　　　　藤原彰氏も、病気ではないか、心配だと云っていた
　　　　　　　一橋には行かぬ方がよかったと思う。
　　　　　　　一橋社会学部では環境的にあうはずがない。
　　　　　　　大正のAnarchistの思想について
　　　　　　　思想家とは何ぞや、政治的realismなき思想家はあ
　　　　　　　りえぬ、として一講釈あった。
　　　　　　　夜8時から行って話した。
　　　　　　　こちらのことを話して、意見をきく感じ。

　　　　　　　────────
　　　　　　　M氏の高校の友人がアカハタの政治部長、
　　　　　　　いろいろきいた、外ム省文書事件
　　　　　　　　　　　　ハス見事ム官
　　　　　　　　　　　　西山記者──大平派
　　　　　　　　　　　　毎日記者
　　　　　　　　　　　某　　──社会党ベッタリ
　　　　　　　　　　　　　　　（父子）
　　　　　　　　　　　　　　　癒着関係。

　　　　　　　────────
　　　　　　　発想はよいが、仕事にまとまらぬということで
　　　　　　　本ヤの事ムに向くかという疑問あった。
4.26（水）　1．藤田氏　　　セミナー

○中国に例えば白川静氏

　　（法家）　西島［定生］、栗原朋信

　　　　　、関心あり

○顧問料、どうも多すぎる。

掛川氏

1．Fより萩原氏に来てくれるよう tel. あり、先週　土、又は日（?）朝の11時より夜の2時まで話した、外に出て話した、途中、植手氏参加。M先生との関係、しこりは、病院への斡旋にはじまる。

F曰く、それさえ謝まれば、問題はなかった。

植手曰く、それならば、M先生にたのんで、来てもらい、

　　　　　Fさんに云ってもらう。

萩原曰く、それは忍びない、申訳ない、

F曰く、（全体を叙述したあとで）僕の云うことに、ムリありや。

萩原曰く、ムリあり、と思う、

また、

F曰く（萩原氏に）、僕は何かM先生に大変申訳ないことをしたのではないか。

————

佐治守夫氏が、全状況について、井村先生に話す

————

F夫人、　Infantilismus　　　　°児童文学

　　　　Archaismus　　　　　°智恵子の折紙

　　　　Purism　　　　　　　　の色彩感覚

　　　　Naivität

　　　　我妻栄（前夫の父）（前東大教授）へのcomplex.

Fとの結婚式のときに、3人しか呼ばぬと云うことで、M先生が祝辞を読まぬということで、それ以来、

コダワリあり。

（然し先生はBachか何かのrecordを持参してかけた）

M先生が病院に入院しても、顔を見せることもなかった由。

────────

F.　1、法家──決断主義　中国古代　C. Schmitt
　　　──思想家の条件は、政治的レアリズム云々（アナキズムについて）松尾尊発氏への言葉。
　　2、古代的思惟──古代の原型の追求
　　　・聖書の新訳わるし云々（加藤との話）
　　　・記紀よりも<u>史記</u>
　　　　史記読書会2－3回
　　　　　　植手、成沢、岩波メンバー、など。
　　3、思想史への疑問
　　　　　　根本的な、より下部的な一般史への関心。
　　4、学者への人格批評
　　　　　　とくに、丸山、吉川

統合機能（人格）の弱体化、分裂。──それが、
　　出版社の企画（?）への関心
　　発想だけで、学問的仕事にまとまらぬことへの自覚
　　そのあらわれ、
　　・植手氏への評価と岩波での話し
　　・　　　　植手氏、曰く。ムチャ。
　　　　　　これは傷の一つか?
　　・感情の純粋化──マワリを切ってゆくやり方。
　　　俗なものを切る。
（狂言回し　ピエロが好き）
　　従って、俗な関係に立つ者に対しては、
　　to 小尾　　ケチ
　　　　　　　ナマイキ
　　　　　　　イヤシサ
　　to 丸山　　甘ったれ

東京大学教授

to 掛川　　母親意識

to 吉川［幸次郎］　テレビで見て、

　　　　　　視聴者の意識の仕方の俗物性

to 松井［巻之助?、みすず書房編集］　三派親和的

to みすず社員　Obi が現れると、急に仕事をやり

　　　　　　はじめる

　　　　　　知的劣弱さ

　　　　　　徂徠から自分が手をひいたのは、

　　　　　　"とても一緒にはできない"と思

　　　　　　ったことにもとづく。

5. 1（月）　1．掛川、本日井村先生と話す

　　　　　　Fの件、1－3月、安東仁兵衛、ウツ、と云う（昨

　　　　　　年セミナー中休み、3月末、急にやめさせてくれ

　　　　　　云々）

　　　　　　Mより、4.20→よくなった

　　　　丸山ソライを評価、

　　　　Marx　原典でもやればどうか、

　　　　高田淳・［史記］読書会の中止は、彼の東大行と関連す

　　　　るか。

5. 5（金）　掛川　・井村さん。

　　　　　　　テンヤワンヤ。

　　　　　　　萩原ショック。

　　　　　　　井村診断―ソーウツと見たが

　　　　　　　　　分裂があると思わざるをえぬ。

　　　　　　　　　非定型の分裂とソーウツの重なりあい。

　　　　　　　　　誰かに見て貰わねばならぬ。

　　　　　　　　　台［弘］さん（ウテナさん）

　　　　　　　　　夫人はどう思うか

　　　　　　　萩原は夫人normalと思っていた

　　　　　　　萩原、夫人に云う？

　　　　　　夫人の御兄妹、親族にしっかりした人はい
　　　　　　ぬか。
　　　　　　前の実家に入院については話してはいな
　　　　　　い。
　　　　　　一定の時間をおいて。
　　　　　　夫人がつれてくるか。
　　　　　　職場を変えることは、病院には関係ない。
　　　　　　本人が墓穴をほる。
　　　丸山　　ガックリ。
　　　　　　　人の目を気にしている。
　　　　　　　Physiologist、Psychologist
　　　　　　　区分できぬ──分析と医学との区別あり。
　　１．藤田　昨日　おそく、ねている。

5．6（土）　丸山先生　4時
　　　　　　萩原延寿氏同席。（初め30分）
　　　　　　Honigsheim と Bloomsbury のこと、
　　　　　　Bloomsbury と Norman のこと、
　　　　　　Norman の自殺のこと。
　　　　　　Marxist と Modern Economics の共存（Sweezy）
　　　　　　Norman と V.Woolf
　　　　　　Norman から "クリオの顔" の教訓
　　　・18c. の精神
　　　　　　Voltaire ほか Encyclopaedist の精神。
　　　　　　Rousseau は democrat かつ感覚主義でありて嫌い
　　　・ルネサンスの精神
　　　　　　13c以来。
　　　　　　Sexual な粋な小咄。
　　　・古代末期。Sceptics.
　　　　　　Sceptics か Nichilists か。
　　　　　　　エリセーフ伝
　　　　　　　ノーマン伝

　　　　　　　ドア

F. 問題

知的にはおちていないと思う。

Schmittの誤訳シテキについては

あれほどでない。丁度、中間の感じ。

（意見のちがいもある）然し脱落はこまる。

未来社、不渡手形発行者の弁（F）［『ある軌跡──未
来社二〇年の記録』所収］

サーカスティックでうまい。

いまのまま自然で、関係の持続を。

企画の話をきく会を定期的にもちたい。

────

［以下、小尾の英国行きへの助言］

OxfordのBlackwellはよい。

Londonの本や

・Economist Book Shop（社会科学）

　　LSE［London School of Economics］のとなり

・Blackwell, Oxford

　　飛行場からBus 1時間おき

　　Country sideのよさ

　　Oxford-London（1時間半）

5. 7（日）　1. Tel.

藤田

グループの社会史［ホブズボーム『匪賊の社会史』］
について、

・文章の前半はまずい

・episodeで書いている

・歴史のmain lineからこぼれおちる

・それにはcreativeな場合と反社会的なものとあり。

・少年譚海的なものを、まともな歴史家が扱ったの
だ。

- 創造的集団と反社会的集団とあり
- Bedfork 役に立つ、面白い
  しかめつらしなくてよい。
1. 外国へ行くこと。
   Oxford。London 空港から車で £8 → £6になる（往復を要求する）

———————

あとでtel.かかる。
イギリスの件、
車のできる人をorg.するとよい。
レンタカーを借りる。タクシーより安い。
空港にあり。時間ワリ、不要となる。
イギリスでは道路標識完備。
道路地図を買うこと。

5.11（木）　1. 佐々木［斐夫］、ミヤゲ
　　　　　　　丸山さん、タカシ［健志］君、法政、哲学
　　　　　　　　　　　　　　　　　Schizo（?）
6. 5（月）　1. F氏　　　　　Schmitt
6. 6（火）　1. Tel. 藤田
6. 7（水）　1. Tel. 藤田
6. 9（金）　1. 藤田氏　　　正午　　　　スシヤ　　1,700
　　　　　　　　　　　　　京都コーツーヒ　12,100
- 白川静　①"説文新義"を清雅堂に買いにゆく
　　　　　②Georges Balandier
　　　　　　政治人類学、合同出版、やられた。
　　　　　　（フランスにおけるイギリス派）
　　　　　③"M.Ponti, Aventures de la dialectique"
　　　　　　主要な点で、日本語にヒッカカリあり。
　　　　　④C.Schmitt　"Parlamentarismus"　訂正について
　　　　　　直し copy 渡す
　　　　　　1週間～10日くらい。

⑤岩波、緑川［亭］氏
- ニュース解説家
- 吉野氏の小型版
- 歴史の見えぬ人
- 継続の仕事
    人事に重心
  変化の見コミなし？

6. 15（木）　1．丸山先生

久しぶり東大で、

ヒンパンにやれ。気分

S［?］

助手論文／急に見る。発表会 7／8 日

夏　　7月上旬～中旬　　　9 日すぎ 10 日からの週の

13 日、14 日

よければ

或は、夏天理へゆこうかと思う。

6. 20（火）　1．Tel.　藤田省三

夫人、21 日朝

6. 21（水）　Tel.　藤田　　a.m.9.00　Schmitt　24 日 2 時

6. 24（土）　1．2:00　藤田——26 日

6. 26（月）　藤田氏

シュミット "議会主義" の件、

○脱落は一言もない。

○訳の不適。

語学者の訳として、語脈の違う文章をうつす場合に

ありうべき苦闘のあとが見られぬ。

○責任上、全ブ改訳したい、1 ヶ月。しかし、全部や

るのだから、今度は訳者印税 5％を貰いたし。

○訳者名は稲葉としておく。

6. 28（水）　1．藤田

1）大独和（木村相良）

Grosse Deutsche Wörterbuch

Paul Deutsche Wörterbuch ） とどける

2）稲葉家

欠落の件、改訳を要す

藤田改訳する

・訳者名のこと

・印税のこと ） 話合うこと

［別紙メモ］

6.25　Fujita

稲葉さん　お母さん

欠落の件　改訳せざるをえない。

①目次から間違える。

②イナバ家。の反のう［応］、語学力より病気の

せい。

完全改訳のさいに、稲葉家、

改訳者

藤田がやる。

○名前

○印税

［6.30『全体主義の起原』1 刊行］

7. 4（火）　高野フミ　　昨日、岩波の部分と、初め、

藤田氏分、調子がちがう。

その分、来週の月曜日

7. 14　　　　脇さん

1）Arendt "全体主義" 送る

2）原稿これからやる

3）宮本［盛太郎］訳 Schmitt［『現代議会主義の精神

史的地位』社会思想社］出たか　あす来る

4）"第三帝国の研究"（同志社）

日共［?］

Nolde: ファシズムの国際比較論

（福村）一部やった　　すんだ

Michels;Political Parties

（お茶の水書房から話しあり）

若い人、やる、と云う　5〜6人

脇が目を通す

5）Weber:職業としての学問

誤訳check している

7.18　　　1．藤田氏

Schmitt,　Parlamentalismus 社会思想社宮本［盛太郎］

氏　1,000円、を送ってきた。つづけてやるか？

_____

訳は半ペラ30枚できた。

1日1頁ゆかぬ。日本語にせねばならぬ。

1日半頁のときあり。2ヶ月かかる。

イナバ訳ところどころよいところあり。

ほぼ全面改訳。イナバ訳は表現部分で苦労していない。

この前の指摘でも、よみの問題で気付かぬ点あり。

> 負担でないということはないが、
> やると云うのであればやる。

◎当方としては、藤田さんがやって下さるならば、ぜひ

お願いしたい。

7.25（火）　1．Tel. 藤田、母　今日から、夫人、子供　山へ

今日あす中に来る

8. 3（木）　丸山先生

F氏の件、

甘えあり、M—F　relations

Fの精神的独立を確保するためには

月々の定期的支払い

Schmitt の訳

共にstop して、個々の案件毎に対価を支払う方がよ

くはないか。

漸進的な病状の昂進あるらしい。

〇よそに就職の依頼多し。

経済的な insecurity よりも心理的な insecurity 多し。

〇家に落付かず、外を友人と呑みあるく。

〇萩原氏の如くタフな所はない（journalistic なイミで）器用さはない、行政的・人間関係はだめ、

教職で、定期的給与を受けるのが一番のぞましい。

Fにおける、精神分裂病とは何か？

・Kに対しては、親切だから、たまらぬ、という

・100％の病気ならば

丸山、掛川その他すべてが敵となるはず。

それがそうではない。

8. 25（金）　1．Tel. 藤田　1.30頃

20日に山からかえった。ホンヤクを探究したが、できなかった。これからやるつもり。

1．萩原——来社

F. と出る　5時

Schenk［『ロマン主義の精神』］の手紙返却

9. 4（月）　1．藤田氏

Carl Schmitt　本日の訳

商売上の観点

御指摘の部分check してみて、最小限仕上げて。

藤田tempo では本年一杯かかる。

「欠落」部分を埋める。とりあえずそれで出すか。

それをやれば、僕は訳す気はないから改訳はやめる。

嘲笑的
Nihilistic な調子

誤訳不適訳の部分、訳はよい。

F、Schmitt問題

1、欠落部分を埋めるということでお願いしたい。

　　　　　　　2、どんなにおそく見積っても今月一杯かからぬ。

9. 5（火）　1．藤田　来週初。

　　　　　　F　少しずつ渡すか。

　　　　　　O　1/2でもらいたし。

　　　　　　F　やとわれ仕事だから、不充分。

　　　　　　　ひどい訳だ。

　　　　　　　今週中にもやってしまいたい。

　　　　　　　今月中（おそくも）とは云ってあるが。

　　　　　　O　まあよろしく。

9. 18（月）　1．藤田　12/43

　　　　　Schmitt 終り

　　　　　加藤［敬事］午后ゆく。

［9. 20 亡命の現代史1「20世紀の民族移動」刊行］

9. 25（月）　1．Tel. 藤田

　　　　　　1．藤田　ソライ刊行の辞訂正

10. 22　　　1．田口［富久治］　Crick 来た。

　　　　　　　　抜萃の仕方

　　　　　　　　藤田氏

　　　　　　　　Political Theory & Practice　Allen Lane

10. 27（金）　1．B.Crick

　　　　　　1、訳者　藤田、田口、松崎（法政）

　　　　　　1、岡さんの一部訳？

　　　　　　1、2冊に分けるなら、面会にゆく

　　　　　　　　　F→M（丹念にミスの頁に印）

　　　　　　1、時期、6月〜9月

　　　　　　　1、本は松崎さん（?）──あとで藤田さんにきく

　　　　　　　　F氏

11. 3（金）　（文化の日）

　　　　　　1．丸山先生

　　　　　　1、ソライノート11／3の分

　　　　　　1、半沢［孝麿］氏来訪　Burke の訳

〇時間なくてできぬ由

〇半沢の Burke は丸山のソライのようなもの、簡単に云えぬ。

〇中野［好之］―Reflection［『フランス革命の省察』］については、微妙なところに（誰に対して、どういう意味でいうか――など、僕には判断能力ない）

11. 22（水） 萩原

　　1．Crick から返事

　　　1）文面から Obi の手紙は Agent に渡した。Misuzu を希望する。

　　　2）N.Y.T

　　　　　Mrs. Orwell

11. 25（土）　1．Tel. 藤田省三

　26（日）　会社へ

　　　藤田氏

　　　植手氏

12. 23（土）　1．萩原　Fとは一昨日会った。前より元気だ。一寸、元気のよすぎる点あり。

　　　　11月末、丸山、藤田、萩原と三人で会った。過去一年何があったか、快活でスムースな話だった。

　　　　H［萩原］の想定では、偏執の Kern は生活の不安か、と思う云々。

　　　　快活の基礎は、雑文を毎日、図書に書いた。それで自信をつけた。書けば書けるのだという自信なのか、或いは躁の結果なのか、分らぬ。

　　　　講師、雑文、論文のメドがついた。

　　　　M先生からもなるべくつきあってくれ云々。

　　　　勿論、本質的には好きな人間だから。

12. 25　　Tel.　藤田　　26日また

12. 26 　1．藤田

12. 27 　1．萩原延寿、10時、帰らず

　　　　　ブライアン・タイラー氏、藤田宅で。

藤田

1．20cの知的・精神的・学問的集約の時期である。

　　　　　　　　　　　（総括）

　　新古典series

　　　　全体拘束、尻ツボミ、を避けるために4～5冊

　　　のセットとする。例えば

```
"思想における革命家"
プラトン＝
ホッブス＝レヴァイアサン
ヴォルテール＝
マルクス＝
マキァヴェリ＝君主論
```

　　　　こうしたもの幾組もつくる。

　　　　読者は4～5冊で——世界の卒業感・終了感をう

　　　る。

　　、成熟の感じ（終り）
　　　　　　　　　　　　　の両方がえられる。
　　、出発の感じ（新しさ）

1．既刊書の販売について

　　目録の分類原理をかえてみる。

　　　"ロシア革命"　　　E.H.Carr　　———

　　　　　　　　　　　　Zinoviev　　　———

　　　"極限世界"　　　　夜とキリ

　　　ナツィズム　　　　全体主義の起原

　　　　　　　　　　　　Wieselの三部作

　　　　　　　　　　　　大衆国家と独裁

　　　"学問の方法"　　　逆説としての現代

社会科学入門

　"大衆社会"

1、考古学は売れると思う。

1、西鶴"諸国咄"
　　ソライ"蘐園遺編"など
　　世界的な"諸国咄"の時期ではないか。

1973

［丸山59歳、藤田46歳］

1. 4 　　 掛川氏

　　　 1．F、　丸山先生、24-5日頃会った　よし。（萩原）

　　　　　　　 Fより tel. 暮れ頃、30分、よし。

　　　　　　　 1日訪問、あれた。

　　　　　　　 萩原曰く、"私の役目は終った"

1.11（木）　掛川氏

　　　　　　 正月1日

　　　　　　 丸山家、有馬［龍夫］（Harvard―外ム省）ソライ内

　　　　　　 容見本見せてくれ、

　　　　　　 萩原、有馬、藤田

　　　　　　 刊行の辞は全部自分が教えてやったんだ（藤田）

　　　　　　（1:30―8:30まで）

　　　　　　 H、F君の文章は、僕が書けば、5本分くらい。

　　　　　　 M、F君のは aphorism だから、そういうものか？

　　　　　　 F、僕の心はいつも開かれている、云々で。

　　　　　　　 "甘え"について説教をはじめた。

　　　　　　 H、私の役目は終った。

　　　 1．掛川

　　　　　　 萩原からハガキ。Fの<u>カネ</u>への執着（？）

　　　　　　 Fの本命の人事がつぶれた（昨年末）

　　　　　　 一人が強硬に反対。（応援者だった人！）

　　　　　　 病気理由ではなく人格的責任を問われたか？（丸山）

　　　　　　 推薦者→丸山先生にゆき、なお押すべきか問うたが、

　　　　　　 押せば<u>ムリ</u>あり、やめてくれ、それは<u>ココダケ</u>とす

　　　　　　 るようの話あり。

　　　　　　 1月1日、丸山宅では、Fは<u>甘え</u>、<u>攻撃</u>、<u>自己嫌悪</u>。

　　　　　　 からんで、ソライ刊行の辞みんな教えてやったんだ

と云った。

その日、Fが2次会をやろうと云った、萩は断わった。

有馬は何も知らなかったので吃驚。年始に行ったら、萩原、藤田のgroupと合流した。

帰りは有馬運転の車で帰った。

　　　外ム省
　　　国際文化会館、I.Berlin招聘の件で
　　　萩原にききたいことありで、2-3分立話した。
　　　F曰く、何で2人で話すか？

"歴史思想集"（丸山論文）[「歴史意識の古層」]をコテンパンに萩原氏に云っていた。直接には云わぬ。

————————

何故に"事柄"がつぶれたか。11月半ば、ある人が講演にきて、彼の噂をささやいた、由。

1.13　　　1．藤田省三

Robinson, J;　社会史入門

2-3章まで、新しいと思う。

ホンヤク［佐々木斐夫、柳父圀近訳］よみやすい。

この名詞→原語との対応。

索引で原語を入れる。→本文との対応

ex. 血統

————————

［ローレンツ］攻撃　1、2　　買う

————————

注記にあるホンヤク

Wahn, Private Behavior　ないか　　ない

1.24　　　1．Tel.　掛川

a、丸山先生、数値は下った。

23—29（熱海）　仕事は岩波のソライ、南留別志

29日にはかえる。

b、Fの件。毎日原稿の件［「雄弁と勘定」1月8,9,10日
　　　　連載］につき萩原へ丸山先生から忠告あり。
　　　　座談会ならばよいが（修正可能）書いたのはまずい。
　　　　萩原はFに手紙を書いた。率直にまずかったという
　　　　素直な返事あり。週刊新潮からFの宅へtel. ありし
　　　　由。本人不在で断わった。
1.25（木）　1．藤田　夕方よる
　　　　1．藤田
　　　　和光［大学］、非常勤の名で専任講師の謝礼を出す。（ソ
　　　　トに云ってくれるな。）
　　　　法政、大学院二つひきうける。
　　　　以上を一日で片付ける。
　　　　そのほか、文化講演などひき受ける。
　　　　それでやりたい。（生活の基本）
　　　　みすずのは、何もしないのに、一年出してもらったから、
　　　　1）額をへらしてもらうか？
　　　　2）物件毎に決済する、ということで、例えば、
　　　　"広告文を直す" こと
　　　　これは文章使用上の問題であるので、できると思う（自
　　　　然科学書は別）
　　　　という仕方で対価決済　それが1万とか。
　　　　1．ソライは売れる。
　　　　─────────────

　　　Plan　　　1）月20,000　負担のカンジなし　ただのよう
　　　　　　　　　　なもの　刊行の辞のときは　別に30,000
　　　　　　　　2）月50,000
　　　　　　　［別紙］
　　　　　　　掛川氏曰く
　　　　　　　F　　和光　4－5万
　　　　　　　　　法政　1－1.5万
　　　　　　　　　　　　（20.－）

143

都立大　1.0

<blockquote>
① 定額を下げる。

② 仕事した時は別に支払う。
</blockquote>

1. 26　　掛川　Ｆの件、話す

2. 6（火）　1．井村先生　首の骨が神経を圧迫、うでシビレ。

板橋2階のB8号　　2/14—15退院

その上で、Ｆについて話す。

何せ一度会わねばならぬ、（偶然的に）

2. 8（木）　Ｆ．Tel.

2. 14（水）　1．藤田省三　　本日　都立大コーギ

あす、あさ tel. のこと。

2. 15（木）　1．Tel. 藤田

①維新の精神に巻頭言を付して出すことはどうか

②Ｆ、一寸、考えさせて下さい、

①また改めて、

②業界のことなど。

2. 19（月）　1．丸山先生

Ｆ、問題

昨日（一昨日）か、岩波であった、今迄あったうちで一番印象よかった。

太平策のゲラ、訂正。一句、なるほど、という訂正あり。

文章の訂正に関心をもっている。

都立へいったこと、経済のことを云っていた。

しかし、何か微妙であるが、前と比べて、変化がある。（抑制がよりなくなっていること）

———

1/25　Ｆの話をする。

———

やはり、報酬基準を技術的にした方がよい、労働量

によって。

　　　1）全体額を、前年比で割り出して、

　　　2）仕事の見当から、1枚イクラとして、

　　　3）その他、advice 料を $+\alpha$ とする。

　　　　　　　　　　　　　　（談話など）

　　　4）②＋③が①になるようにする。

2.22（木）　1．掛川

　　　　　一昨日、丸山先生、一週間前

　　　　　　　　（発作、頭がいたい）

　　　　　Fと会った、今迄になく感じがよかった。

　　　　　萩原氏──都立、非常勤講師きまった。

　　　　　　　　　　おちついてきた。

　　　　　萩原氏　つかれて、書けなくなった。

　　　　　　　　　口がわるい

　　　　　　　　　金のことをいう

　　　　　　　　　躁の感じ

2.25（日）　1．藤田省三

2.26　　　　1．Tel.　藤田

3.12（月）　1．藤田問題

　　　　　○井村先生　73.1.25

［3.20　『暴力について』、『現代議会主義の精神史的地位』第2刷（改訂版）刊行］

3.25（日）　1．掛川

　　　　　昨日、先生、萩原、見えず

　　　　　植手さんと話した、2／下─3／上はつかれた、スイセイ夢死、と云っていた。植手は、そういう。

　　　　　岩波─植手に云った、テレでなく、そうなんだ。

　　　　　古代やろうと思ったが、だめだ。

　　　　　1－2月、生活ヒのためにコーエン　明治維新の頃　には自信あり、この辺をやろうか、前と違う。

　　　　　特定の個人に対する攻撃はひそめた。

古代についてEssayを書いた［「獄吏考」］（平凡社）
"波"の上下、ある

1．藤田氏、夕方よる　5－6時

　　1、70,000　支払い　"顧問"の名はそのままでよ
　　いが、待遇は、個々の仕事に対する報酬ということ
　　にして、

　　2、来月からは対物主義。とする

　　　　　　Crick の訳をみて、10,000円とか。

　　　　　　広告文を直して　　　　　円とか。

　　　　Fから先に申出あり。

　　3、来月から合計5〜6万円の収入はあると思う。

　　　　（学校関係）

　　4、中野好夫氏は、講演用特別の原稿をもっている。

　　5、世界の混沌と破滅の全体感。

　　　　人文・社会科学はダメ。

　　　　自然科学の一部だけ、

　　　　　　公害補正で意味が感じられるだけ、

　　　　学校もダメ、出版界もダメ。

1．田口さん　Crick

　　理論と行動における寛容論と寛容

　　　　（200字）195+13

　　　　　　　　分らぬところだけ見て、手を入れる

　　1、ただNietzscheの知ることのみが喜びという感
　　じ。

　　1、古代史、中世史については一つ論文を書く。

　　　　ただ地理感 orientation がない。

　　　　近世以降ならば、土地感があり、そんなに狂わ
　　ない。

　　1、イデオロギーが意味をなくした世界では、思想
　　史をやる意味なし。

　　　　30年代〜 '55年くらいまで。

3.26（月）　植手さん

　　1．丸山先生について

　　a、知識の広さが欠点となる。

　　　　"日本の思想"から"歴史思想集の論文"まで、
　　　　いずれも、……ということあり、……ということあ
　　　　り、で云わんとする重心を示すのではなく、周辺的
　　　　に散る。限定が弱くなっている。

　　　　特に"古層"では、日本には、

　　　　　　……がない、

　　　　　　……がない、　　といって、

　　　　――――が日本の思想だとは云わない。

　　　　間接的だが、国文系の人の話では、記紀の読み方が
　　　　恣意的である。由

　　b、徂徠"太平策考"のような書誌学的考証などは、自
　　　　分も資料さえあれば、2年もあればできることだ。
　　　　先生が、あと何年生きられるかを考えれば、仕事の
　　　　優先順位があるはずだ。研究の書き直し、諭吉のこ
　　　　となど。

　　　　こうした論文でさえ、全力投入をするから、Energy
　　　　で云えば同じことだ。対象をえらばなければならぬ
　　　　と思う。

　　　　先生でなければできないことを、やってもらいたい
　　　　のだ。

　　c、自己限定のないことと、書誌学への傾斜は、at
　　　　randomの点で同じである。

　　d、日本古代研究をやり乍らも、神話学や人類学の最近
　　　　の本をあまり見ていない。

　　　　近代政治の場合は、実によく、trivialな外国文献を
　　　　見ていたにも拘わらず。

4.11（水）　1．植手通有氏

　　1、F、古代をやらぬと云い、又、やる、と云う

前に書紀を一緒によんだが、お前は非専門家だから
駄目だといい中断した、最近又、やると言ってい
る。

岩波の文化講演会4／20，27、"天皇制の政治的構
造"500人、すでに一杯。岩波ではさすが、藤田さ
ん、と云っている。（都築［令子］さん）

1、丸山先生、原稿のおくれるのは、プロ精神がない、
からだ。

おれは、<u>図書</u>［1月号、「五人の都市」］は一週間前に
とどけた、云々

6.　5（火）　1．脇圭平　岩波新書［『知識人と政治』］7月か。

Weber、Mann、―1933

・みすず連載やる。一週間後に連絡する。

・Ernst Junger

30年代ドイツのatmosphere，　感情、みごとな
文体

左にも、右にも切れているIntelli

・生松［敬三］さん

夕方、飲みにゆく。救われた感じ。

・内田智雄

ナマなキザな感じでとられている、同志社で。

事ム室で皆の前で"勉強しているか"などと云
う。

・丸山さんの手紙

ハガキは多いが、長いのは少ない。

（ドイツからイギリスへ行ったときの不義理）

丸山→内田の長い<u>すいせん状</u>

これは、ある丸山ファンにとられてしまった。

先月のWeberの会で

"歴史意識の古層"とその反響について、丸山先生
が2時―6時まで話した。質疑で内田芳明が、

　　　　丸山さんの方法論は何か、とくいさがった。ついに
　　　　ムッとして、
　　　　年もとり、時間もない、やることだけに集中した。
　　　　それについて意見をききたい。
　　　　（その底意・内部などへの推測でなく。あまりにそ
　　　　れが多い。一般的に）
　　　　自分は方法論の研究者ではない、云々
　　１．Fの件
　　　　図書論文（五人の市民［五人の都市］）について、
　　　　京都のFファンが、脇さんに、その意味をきいてくる。
　　　　やつあたり、支離滅裂、あてつけでわからぬ。
　　　　（毎日論文［「雄弁と勘定」］などは見ていない）
　　　　Weberでなく Schmitt

6. 6（水）萩原延寿

　　　Fの伊藤［博文］のマイナスをききたかった

　　　　　　ムツ［陸奥］─早死　　これからというとき死ぬ
　　　F　この前のよりは、よい。［「札束群行」『毎日新聞』6
　　　　月6日］

　　relaxして書いている。

　　Kern

　　文飾などを　攻撃　して、そのものが文飾である。

　　経済的な問題が出ている。

　　モデル　花田清輝

　　Rhetoricはまだ使えず。

　　Straightの方がよい。

　　思わせぶりな所あり、気になる。

　　書いたあとで自己嫌悪に陥っている。

　　言葉遣いがレトリックとしてはナマ

　　心象風景なく外のスタイル

　　元気。

　　和光［大学］　うまくゆかぬ。

筆一本で立つ。と云う。

肩の力を抜く。

Dialogue の対象が、本、人間、モノ。

————

精神的にはよい、元の毎日にのったものよりはよい。

［7.10『荻生徂徠全集』1刊行］

7. 24　　　　脇圭平

1）亡命シリーズを送る事、ソライも送る。

2）亡命座談会

　　　丸山、脇、生松、萩原、安藤

3）藤田氏"脇氏には絶対できぬ"という言葉。

気分のめいること→生松氏により救わる

何クソという気分。

4）みすず原稿、8月末まで。

8. 31　　　　田口、宵

藤田と連絡、あと12-3頁。（1日1枚）中断。

9月一杯学校休み。

9/20までに出来ると9/30までに全部。

10. 19（金）　1．植手　　4.30→6.00

○丸山さん、欧州や北海道を遊び歩いていてもうだ

めだ。

――君に、丸山さんはだめだから、君がやれ、云々

○藤田氏、9月初めに会ったとき、

維新の精神を貸せ、君の書きこみはいい線をいっ

ている。云々で、散々だ。

○F云く、

本屋に行っても"［維新の］精神"はない。

11. 5（月）　藤田／月刊百科［1月号「獄吏考」、6月号「改名記」］／

11. 27　　　　1．丸山論文集

12. 2（日）　1．掛川

　　　丸山

昨日研究会、石田、掛川、報告

木（金？）曜　Ｍより tel.

必ずくる。金午後15

南原［繁］自宅全焼。

入院中、具合わるし、沖中［内科］

孫1人残っていた、

長男、出張中、

長男夫人、看護中。

Ｍかけつけて、消防手、軍手──VGへ来た。

5時──高田馬場

6時―8時　研究会

　　書類を手渡した。

　南原自宅消失。

　　ヨミウリ朝刊（12/1）出た。［記事添付］

　　12/2―3退院予定。

　3歳の子供

夜　掛川氏

12.18（火）丸山先生

"太平策" 内閣文庫本で、分らぬ点がとけた

──────

ソライの用字法（わが国異国と云う）

　　異国　　　国として

　　中国　　　道と関連して云うときは中国

明律の Seminar の制。

　　"異代異国ノ制ナリ"

　　厳密である

──────

ソライの制度論

　　法律論と制度論

　　↓　　↓

成文法　法家にゆかぬ

Hegel －客観的精神

　　人情の強調、は法家でない

　　"法三ショウ［章］"になる

礼楽　　　礼法

　　|

実践規範である

慣習法でもあり

イギリス―――でゆく

法家にゆかぬ面あり

内面性、主観的観念論の批判から、法家的に理解してい

るが、

これは誤りである。

―――――

闇斎学派　　大系、やっている

　　　　それが終

12. 29（土）　1. 加藤、藤田氏、みすずの目録に名前のないこと、気

　　　　　　　にしている。

　　　　　　　　　　重版したら。（維新の精神）

　　　　　　1. 藤田　tel あり

　　　　　　　Obi

　　　　　　　1、品切れで、目録から抜けてしまった。

　　　　　　　1、今年の中頃か、品切が近かったので、みすず巻

　　　　　　　　頭言を加えてこれを第2版として、増訂版をと

　　　　　　　　思い、御連絡したことがあったが［2月15日］、

　　　　　　　　それでそのままにすぎてしまった。

　　　　　　　1、それとも、これを別に出してこれはこれで重版

　　　　　　　　するというのはどうか。

　　　　　　　1、具体的には来年に予定を立てて出したい。

1974

［丸山60歳、藤田47歳］

1. 12（土）　丸山先生

1．政治的対話篇［クランストン］　やられたと思った
　　連載　専門はかたるな　思想史とか政治学
　　放言　Personal History
　　音楽論
　　東北で“思想史研究の個人的意味と展望”
　　　　のように　──を話した。
　　　　　海軍軍楽隊──ハーモニカ　森のかじや

丸山先生

1．みすず　前に読んだ、戦前論文集［『戦中と戦後の
　　間』］、これを、今出すのはどうか。

1．萩原君‘読書周遊’のように、みすずに連載した上
　　で、それを本にするときに、一緒に出したらどう
　　か。

1．思想史とか政治学とか、専門になると、硬くなって
　　なかなかできぬので、むしろ、音楽などについて自
　　由に語る。Beethoven など高校大学それ以後で、そ
　　れ以前は海軍軍楽隊とか、町のメロディーで、（兄
　　［鉄雄］の影響で）、入っていった、況んやBach な
　　ど、あとあと、自分の納得できるものしか受けつけ
　　ぬ。だから、現代音楽を知らぬ、Bartok の一部など
　　はいいが、Webern など知らぬ、何でも分るわけで
　　ないし、今迄の古典のまわりでも、未知のものが多
　　いのだから。

　　そういった雑談、Personal History

1．石田雄“政治学”贈呈──丸山政治論文集について、
　　政治学云々と出すのは、自分も、政治学廃業云々と

云っておりまずい、誤解受く、それでいろいろ云ってくる。それでは"現代政治の思想と行動"を絶版にすればよいのだが、それは経済の金のことがあってできぬ。（笑）

また、政治学はやる人がいるので。

1. 朝日の記者（教え子）に

M、N.Y.［NewYork Times］週刊版は全部よむ、ほとんど。広告もないし。ああいうのができぬか。

記、社内の能力がない、云々

1. チクマ　古田［晃］氏

亡くなる［1973年10月30日］前に会ったばかり、来ると、お互いに、健康留意の工夫の比較をしていた、いい人であった、あの人あればこそ、チクマで仕事をやったのだ。

亡くなる晩の倒れてから、車で小田原にやるという社員の配慮が、間違っていた。

岡山［猛］氏が来た、また本を出せと云う。

松沢［弘陽］"日本の社会主義思想"のようないい本の広告を全然しないで、2－3年で屑になるようなものばかり、大きな広告をする。

"日本の思想"も最終巻配本なのだから、完結をchanceにまとめて広告すれば、他の人にもよいと思うが、そういうように広告や事ムの方で、おかしい。

岡山氏の話では、社員の給与が高いので、どうにもならぬ。

1. 掛川氏について

デンワがかかってきて、元気そうだった。

狐憑きがとれたようで結構だ、云々

野上［弥生子］さんの原稿も探してみつけて送ったので、それで幸先よいと云っていた由をいい、

それはよかった、あの人の場合、まとまった印象が
大事で、それはよかった、云々

藤田省三氏

  1、"維新の精神"2版　増補版　いずれかを入れる

  1、"付録"の分、2－3日中にやる
    一つ、中山太郎"日本若者史"についての一文
    を加えるかやってみる、

  1、約50頁まし、
    33－37［頁］、C［「普遍的な文明の精神」の略］P
    ［「特殊的な有形文明としての富強」の略］の部分
    書き入れ［略でなく、元の語に戻して入れた］

  1、都立大学では"メリアム「権力」"を集中講義
    でやった、いい学生がいる
      1日1万円なら、恰好がつく

  1、藤田氏をめぐる雑談会（サロン）
    杉山光信
    柳父圀近（1/26はだめ）
    みすず　2－3人　　　　　　　1/30
    場所はどこにするか？

1.15（火）　成人の日、休

  1．藤田省三（仙台へ行った）

   ⅰ）1/30（水）雑談会

   ⅱ）原稿

1.21（月）　1．藤田　tel.30日午後の件、OK
          あとは加藤に

       本郷、学士会館　2階5号室

       30日1時から

    杉山光信

    柳父

    21日正午連絡

1.28　　　　F

ⅰ）30日原稿渡す

ⅱ）宮村［治雄］氏を呼ぶ。28日晩O.K

1.30（水）　1．和田［篤志、みすず書房総務部長］

　　　　　　　　F講演料　22,222　　　源泉

2.7（木）　丸山先生

Aston, History of Japanese Literature　2,500円

昔読んだ時は気付かなかったが比較文化的視角からみその洞察はすばらしい。　　　　　　　　　　　　　ヒラメキ

源氏よりも、枕草子を高く評価する。

随筆は following the pen であって essay ではない（昨日、岩波が随筆でも、云々と云って来たが）

漢文学も Japanese Literature に入る。

明治＿＿＿＿年代だから、他の人の意見などにわずらわされていない。新鮮でオリジナル。

今ではチンプになった所もあるからホンヤクの場合は考えねばならぬが。

こういうことをやってるから困るのだが、英訳された古今の歌などの、原文の復原をして時間をつぶしてしまった。同じような歌なので困る。

当時の日本人の assistant がいたに違いないと思うが、それが知られぬ。

　　1．フロイス　日本史も有名なものだが。

2.9（土）　1．Tel. 藤田氏より tel.

　　　　　　　維新は　その後どうか？

　　　　　　　1、題記は直したい（序文）

　　　　　　　2、出たら、ゆく、云々。

2.15　　　　1．藤田ゲラ

2.16（土）　1．藤田ゲラ

2.20（水）　1．藤田ゲラ→加藤

　　　　　　19日夕方

　　　　　　藤田省三氏

1．岩波、新宿クラブの浪費と
　　　　　無方針、オリエンテーションとの関連
　　　　　図書室の貧弱さ
1．和光大　topの1－2人には良き能力者あり、300人
　　　　　のreportをよむ話
1．ゲラ　あずかって、とどける
1．未来社　松本［昌次］氏が手形までやる
　　　　　北鮮の本［『金日成著作集』全7巻、1970－
　　　　　81］も、経済の見地か?

3. 1（金）　1．丸山先生　あす　3.30
　　　　　夜10時　tel.あり。田中耕太郎氏死去、オツウヤ2
　　　　　日ならば、2時にくり上げたし。

3. 2（土）　1．丸山先生　2時（ソライ5　ノートにあり）

3. 5（火）　1．手紙　藤田省三氏

3. 7（木）　1．手紙　藤田

3.28（木）　1．藤田　いい本になった。［『維新の精神』第2版刊行］
　　　　　前のときは表紙ばかり厚い気がしたが、
　　　　　今度はよい。38人ソーテイ分

3.29（金）　1．藤田氏をかこむ会
　　　　　○①柳父［閱近］氏②杉山［光信］氏いつでもよし
　　　　　　　　　　4月半ばすぎ。

　　　　　○加藤　中山［昭雄、みすず書房編集］　長野［聡、み
　　　　　すず書房編集］　?

3.30（土）　1．加藤　藤田氏の会

4. 1（月）　1．加藤　Fの会　工夫?

4. 8（月）　1．藤田

4.10（水）　1．藤田
　　　　　1．丸山先生

4.15（月）　1．6時頃　丸山先生、見える。
　　　　　本日、検査日、3時におくれ、本郷の本屋、アカデ
　　　　　ミア［ミュージック］、など。

1）徂徠

2）藤田

　　○ "天皇制" 第2版へのハガキ謝礼に、<u>アトガ</u>
　　<u>キ</u>は私小説的で、仲間うちには面白いが第3
　　者には分らぬ、と云った。

　　○現代史断章の付録はかきかえてもまずい？

　　○3─給も mood であろう。

　　○みすず─F─杉山、柳父氏の会での
　　内田義彦論について
　　昨年、岩波__年の祝賀会のあとで、2次会を
　　新宿でやり、そのとき、岩波中島氏らと、内
　　田［義彦］、藤田氏（彼は tel. で、呼び出され
　　た、岩波の会にはゆかぬ）が両方飲んで、

　　　　Uchida 曰く "君の最近書くものはタガが
　　　　　　　　　　　ゆるんだ"

　　　　Fujita 曰く "あなたのはいつもタガがゆる
　　　　　　　　　　んでいる"

　　云々の<u>ヤリトリ</u>があり、その対立感が、年始
　　め（年末?）丸山宅（夜2時過まで?）のとき
　　でもむしかえされた。

　　その前景において、おこったことであろう。

3）掛川

4）佐々木

5）太宰春台

6）宮村［治雄］兆民論──F、からきき出した。
　　　　　　　　　　　　直接、石田氏に出した由。
　　　　　　　　　　　　立教の一年間の助手。
　　　　　　　　　　　　F、には宮村氏が使いで、非
　　　　　　　　　　　　常勤講師、立教、来年、たの
　　　　　　　　　　　　んだ由。引受けた。
　　　　　　　　　　　（休講になるのではないか、予想?）

4. 22（月）　1．加藤　　　Ｆの印税　5／8

4. 26（金）　藤田　9日　場所

　　　　　　　　みすず　書きおろし原稿

5. 7（火）　1．Tel.　田岡　　半蔵門

　　　　　　　9日　昼食→一応6人　OK

　　　　　　　あす昼までに人数を知らせる

　　　　　　1．Ｆ　会談（9日）

　　　　　　　• ~~加藤~~

　　　　　　　• 長野［聡］

　　　　　　　• 中山［昭雄］

　　　　　　　• tel. 柳父［閲近］

　　　　　　　• tel. F

　　　　　藤田　1．四谷　国会議事堂側改札口　11:45

　　　　　　　　　　　　4時位まで。6:30に飯田橋へゆく

　　　　　　　　維新の精神

　　　　　　　　　　小田まこと晋　すすむ

　　　　　　　　　　野間　宏

　　　　　　　　　　内田義彦

　　　　　　　　　　1冊ずつ送る事

5. 8（水）　1．和田　F.　源泉コミ　33,333（9日）

5. 9（木）　1．田岡にて

　　　　　　　Fujita

　　　　　　　柳父

　　　　　　　蔭山［宏］

　　　　　　　中山　　　　　　　13,860

　　　　　　　長野

　　　　　　　小尾

　　　　　　　交通ヒ　　　　　　　1,000

　　　　　　　F謝礼（講演料）　33,333

5. 15（水）　1．植手さん

　　　　　　　　丸山先生　　tape

5.26　　　　1．藤田氏、　夕方、

　　　　　　　　松崎や原稿──中山君

6.15（土）　1．加藤　　丸山先生へ送るもの

6.24（月）　1．丸山先生へ送るもの──加藤

7.1（月）　1．掛川氏　1:14日　丸山さんかこむ会30人位出席、

　　　　　　　　このときのF氏（夫妻出席としておき乍ら、

　　　　　　　　5分前に欠席通知をした）

7.13（土）　1．丸山先生

　　　　　　　　本日　研究会　おそくなる

　　　　　　　　7時にとどける

7.16（火）　1．丸山先生 tel. あり。

　　　　　　　a）陸いく子死去の件［14日、84歳］

　　　　　　　　丸山夫人の母と最上ともゑ［陸羯南四女］氏と

　　　　　　　　が、女学校で同級である───これで知った。

　　　　　　　b）太平策、水足［博泉］の自筆（?）が何で分るか？

7.25　　　　1．丸山先生　加藤君とも

7.26（金）　丸山先生

　　　　　　最近のくる学生、三派くずれか、問題感がナチ前夜

　　　　　　Weimar の文化状況にあり。

　　　　　　Bracher に Diktatur ある由。

　　　　　　Tat Kreis は右翼 Radikal を代表する group、Gebbels など。

　　　　　　この研究さかん。

　　　　　　Avant-Garde は Berlin が本拠だった。

　　　　　　右にも左にもなる。

　　　　　　Schmitt の Diktatur、多少法理論的すぎるが、よい本。

　　　　　　大統領の独裁は、48条の委任独裁の研究。

　　　　　　Schmitt の憲法論を送ること。

7.29　　　　1．丸山ほか、現代史資料ソーテイ

8.23（土）　1．日高六郎氏

　　　　　　A）　パリに日本の小売店開設の件

　　　　　　B）　掛川氏の件

Ｃ）第2次大戦30年記念特集

　　　Ｄ）Ｆは立教の専任にきまった（新研［新聞研究所］の

　　　　　の話）

8. 29（木）　1．掛川氏①目をわるくした（マイクロリーダーを東大

　　　　　　　　　　　かえる）

　　　　　　　　②日高さんにtel.する

　　　　　　　　③丸山先生、松代からハガキ、今 Princeton

　　　　　　　　　英文序をやっている。

9. 21（土）　内田智雄　1．丸山さん　天理へ行った。

9. 24（火）　1．花田清輝死す

10. 1（火）　1．3:30　長谷川［四郎］

　　　　　　　ⅰ）劇団寄附　50,000

　　　　　　　ⅱ）詩集　ソノシート

　　　　　　　　　　　　詩　　　　　　　40頁〜80頁

　　　　　　　　　　　　画

　　　　　　　ⅲ）花田清輝論　みすずへ

　　　　　　　　葬ギに藤田氏が来ていた由

10. 11（金）　1．6.00　植手　中野"凱旋"にて

　　　　　　1．陸　解説　16日までにやるつもり、そうでなけれ

　　　　　　　　　　　ば21日

　　　　　　2．藤田氏

　　　　　　　ａ）目がわるい云々で、自分が電気スタンド吉祥寺

　　　　　　　　でよいのを買ったので、彼氏にやる約束をし

　　　　　　　　た、

　　　　　　　　よいのがない、中野で探す云々、

　　　　　　　ｂ）花田清輝の葬式に行き、誰も学者もいない。怪

　　　　　　　　しからぬ。学者廃業である。

　　　　　　　　丸山夫人が花田家にtel.して、

　　　　　　　　"葬式を失念して一日おくれ申訳なし、東大病

　　　　　　　　院にゆくが、却って御迷惑を思い、失礼する"

　　　　　　　　云々

　　　　Ｆ曰く、これは何たる失礼か。

　　　　それなら、黙ってゆかぬがよい。

　　　植手も同感。

　　　思想のことばで花田批判をやり〔「ジャーナリズムと
　　　アカデミズム」思想、1958.1〕、それに花田が答えた
　　　ことに対し、返事しなかった。何たる失礼である
　　　か！　云々。

　　c）就職は、何か医大系の大学で学部新設の話あり、そ
　　　れにゆくはずで9月まで1／2の給料が出ていた。

　　　（これは新設が立ち消えか、話が立ち消えか　分ら
　　　ぬ）

　　　立教大学は非常勤である。

　　d）花田は"私には友人というものはいない"云々と云
　　　ったが、自分もそうだ。

11.11（月）　1．掛川　みすず　Arendtについて？

　　　　　　　（脇）

11.25（月）　1．掛川　Washinton Post返却の件

12.15（日）　1．丸山先生　2時

　　A、ソライ、天理本

　　　　　　　　　京大、谷村文庫　　　　　copyとどける。

　　B、論文集〔『戦中と戦後の間』〕
　　　戦前論文のみでは弱いし、
　　　〈学会報告（年次が限られている、性質がちがう）
　　　クロスマン書評などを外すか（ホンヤクがその後出
　　　ているし、今更の感あり）
　　　或いは小文字とし、〉
　　　戦後のある時期まで、例えば社会科学入門の第一版
　　　のもの位は入れる。
　　　それに従って、原稿をつくっている。

　　C、Fはここ3ヶ月会わぬ。ウツなんだろー。この前会
　　　ったときは、"定職をえたので、先生におごります

よ”、などと云っていた。とにかく、職が安定せねばだめだ。掛川さんも此の頃どうしているか。彼女も、条件は違うが、同じことである。

D、Jollの岩波

萩原氏がどうかしてしまったので、Jollの下訳［『アナーキスト』］を、掛川氏の知人、野水瑞穂氏にたのんでやった。その訳の点検は萩原氏がせねばならぬのだが、出来ないので、慶応出のアナーキストが、アルバイトとしてやった。これが実によく出来る。該切ピタリ、ああできるのが、よく慶応出の秀才などにいるものだ。

E、求人は試験はだめだ。

試験で入ってくる者を見ると、大概だめだ。知っている先生にたのんで、やるのがよいと思う。

然し、こういう例もある。

丸山ゼミにいた人、法出身で、どうしても筑摩に入りたいと云う。入ったら、他社のストの応援ばかり、光文社、中公etc.

古田［晃］氏も歎いて、せめて、内の中だけならばなア――。

きわめておとなしい人であるが、おとなしいのが、えてしてソーなる。

12.24（火）　1．8.30　松尾［尊兊］

12／13、Fと会う、京大招聘の件、作田啓一氏と共に、断わる、インギンに。

作田曰く“何とも心残りがする”云々

前晩多田道太郎を泊めて、つかれている。

（才気煥発の点で、お互いに評価しあう点あり）

12.27（金）　1．丸山　　京大、若い人たちの業績

　　　　　　　神田　　中国文学報

1975

[丸山61歳、藤田48歳]

1.21（火）　1. 大久保和郎氏　昨晩死去［享年52］

今夜御通夜の由

花　1万

見舞　3万

1.29（水）　1. 植手

丸山さん

29年にゼミに出た

2年休み

31年からゼミ。

昨年の南原講演［国家学会主催の追悼講演「南原先生
を師として」1974.11］には失望した。

○なぜ言葉をつまらせたのか、語るべきである。

○南原氏の批判がない。当時の批判が可能であった
のは体制内的反体制であったからだ、それを云うべ
きであった。

○最近、しまりがなくなった。宮　　氏がゆかぬの
は先生が、自分を先生の息子とひき比べ（?）て云
うからだ、云々。

○最近風邪（?）

○藤田氏は史記をよんでいる。

月10万で暮らせる。

2.14（金）　1. 掛川

丸山先生夫人の母、亡くなった。14日金、朝
外に出られなかった。

2.28（金）　1. 掛川

丸山先生　日曜、夜
来週月からカンヅメ。場所（?）。

　　　　　　　4月〜5月末、渡米か。

3.10（月）　1．丸山先生

　　　　　　　　ソライ　ノート

　　　　　　　4月末　Oxford

　　　　　　　9月　　帰国

4.16（水）　1．加藤　　三省堂の件―相田［良雄、みすず書房営業

　　　　　　　　　　　部長］

　　　　　　　　丸山"京都の若い人"の論文

4.21（月）　1．掛川さん

　　　　　　　　丸山　昨日 tel. あり

　　　　　　　　　　今日、航空会社（午後）

　　　　　　　　　　4／末→5／初

　　　　　　　　　　なるべく　　7／初には戻る

　　　　　　　　　　チクマ思うようにゆかぬ。

　　　　　　　　　　帰ってから書く。

　　　　　　　　　　もう一度カンヅメ

　　　　　　　　　　VGは失礼する。

　　　　　　•植手さん　今日会いたし。

　　　　　　　　松沢氏の件、考えていた、一寸面白し

　　　　　　　　150枚、書いた。

　　　　　　•昨日、tel.多し、未来社の件

　　　　　　　　萩原

4.26（土）　［今井清一より小尾宛のハガキ］

　　　　　　「前略　ごぶさたしています。こんど私は、もと藤田君

　　　　　　のいっていたシェフィールド大学日本研究所にしばらく

　　　　　　行くことになりました。それで雑誌「みすず」を左記あ

　　　　　　てに船便でお送りください。」［以下略］

6.22（日）　1．掛川

　　　　　　　　丸山先生　手紙　　Oxford　大衆社会化した

7. 9（水）　1．筑摩　岡山［猛］氏　　　（中島岑夫［筑摩書房］と

　　　　　　　　　　　　　　　　　　　の対話で）

　　　　　ａ）藤田　“維新の精神”→チクマ双書　　　Ｆの申出

　　　　　ｂ）貝塚［茂樹］“古代殷帝国”→　　〃　　貝塚

　　　　　　みすずが承認したら云々

　　　　あとで返事する

7.14（月）　1．加藤　藤田氏の件

　　　　1．藤田

　　　　　チクマの件　“維新の精神”　チクマ双書

　　　　ⅰ）5,000ブ　初版、ならぶ、増刷、する

　　　　ⅱ）50枚（山路愛山［「愛山における歴史認識論と『布衣』

　　　　　　イズムとの内面的連関」］など）入れて

　　　　　　　　20—30枚加えて

　　　　　　　出すようにすすんでいる

　　　断わる。──岡山へ、（Obi）

　　　やってくれるなら、よい。

　　　────────

　　　吉川［幸次郎］氏ハガキ来た、

　　　　間違っている点を指摘している［「一本の矢印し」『未

　　　　来』4月号の吉川批判に対して］

　　　　そのあとに、返事と“このハガキとも未来へのせても

　　　　らって結構。”云々

　　　　何と云うことか、そんなことも分てない、　未来に対

　　　　して「僕の権利のないことは、明かではないか」

　　　　前半は云うに及ばぬ。

　　　　後半は和語の世界。

　　　　中国語はよめるだろうが

　　　　日本語はこちらだ。

　　　来週に会う、

　　　1．チクマ、岡山

　　　　1時出社。返事　断わる

　　　1．藤田氏、tel. あり、来週でなく本日

　　　　　加藤ともに行く。

　　　　　12時近く→2時10分。

　　　愛山論を加えて3版とする。校正見る要無し。

　　　3版の序必要ならん。

　　　　　→加藤氏へ原稿托す

7.19（土）　1．掛川

　　　　　○7月号　月刊百科　F論文

　　　　　"抵抗の精神"の風化。[「文化における抵抗感覚
　　　　　の風化」]

　　　　　岩波文庫選者／広告／選者の関係

9. 5（金）　1．丸山先生　　8－9茨城へゆく

　　　　　10かえる

　　　　　11、午前中に連絡する

　　　　　12（?）石田雄に会う

9.14（日）　1．丸山先生　原稿セイリ

9.15（月）　丸山先生

　　　1．マリアンネ　Weber　訳　送る

　　　1．論文集の件

　　　　　──55年まで

　　　　　──"政治の世界"などおとす（お茶の水書房）

　　　　　　　　　　──アラキモリアキ［安良城盛昭］筆記

　　　　　──チクマなどおとす

　　　　　　　国家理性［「近代日本思想史における国家理
　　　　　　　性の問題1」］そのほか

　　　　　──戦中₊αとして、chronologicalを原則とす

　　　　　──書評のみまとめ、それでchronologicalとする。

　　　　　──恩義ある人として入れることもできる

　　　　　　　　ノーマン

　　　　　　　　津田［左右吉］先生

　　　　　　　　長谷川如是閑　　　3人

　　　　　　　（これだけは新しく書くことが必要）

座談は　婦人之友

文学──は覚ある

ちくま──月報　思想史コーザ

3冊

──1冊のみ。

9. 26　Joll　講演会　　朝日講堂

今　日出海　あいさつ

Joll氏　欧州　その過去と未来

Kissingerのことをあしき歴史家と云う

あとでKetels（9,420）

丸山　　　　Joll

萩原　　　　Obi

掛川

雑談　一昨日のNC9時　イソムラ［磯村尚徳］のときの

天皇フィルムで、

天皇が事前に真珠湾のことを知っていたということ

（丸山　一夫人）

はじめて今、アメリカ人に云ったということ

萩原氏は昨晩眠られなかった由、

東郷［成徳］のこととも関連して。

（新聞には出なかった）

天皇と日本

──　欧州

──　アメリカ

unconscious player

player　は意識した行為者であるが

actor

天皇はunconcious player ではないか

丸山先生の会話のうまさ

調子のはずみ、

　　　　　　　耳のよさ、

　　　　　　　　表現の accent

　　　　　　前に Elbert の来たときのことを考えると

　　　　　　ずいぶん活発で、流暢になった（?）

10. 4（土）　1．丸山先生　tel.

　　　　　　1．10/26　発　N.Y. ～6月まで

　　　　　　Princeton,　それから欧州へ　秋に戻る、予定。

　　　　　　論文集について　　　　1936－1955

　　　　　　1、Chronologique　とする ⎫
　　　　　　　　問題別にする　　　　　⎭　二つの原則

　　　　　　2、区分法

　　　　　　　　a）Ⅰ　戦中

　　　　　　　　　Ⅱ　戦後

　　　　　　　　b）各年度の初まりに（ex）1947…云々といれる。

　　　　　　　　c）各論文のあとへ、初出「……」改題、云々をい
　　　　　　　　　れる。

　　　　　　3、― 断想［1956年］までとする

　　　　　　　　―政治学入門第2版は Behavioral approach で性質が
　　　　　　　　　ちがう。

　　　　　　　　　翻訳に当るもの。

　　　　　　　　―療養者の意見と松田［道雄『療養の設計』］書評を
　　　　　　　　　ならべる。

　　　　　　　　―近代日本思想史における国家理性の問題

　　　　　　　　　　チクマを了解してくれるだろうと思う

　　　　　　［欄外］　43、病院　44年病気　　　　　54年手術

　　　　　　　　吉田松陰、久坂［玄瑞］を戒むるの弁、を用いて、

　　　　　　　　学徒の本分を云う。

　　　　　　　　1936－1955（病気で）

10. 6（月）　1．加藤　丸山原稿

10.22（水）　1．掛川氏

　　　　　　　丸山先生

　　　　　　　10日医師吉利先生に警告を受けたよし。

　　　　　　　26日発　Princeton　へ。

　　　　　　　本日"思想統制"［『現代史資料』42］原稿完結。

10. 23（木）　1．Tel. 丸山先生

　　　　　　　―先生の論文集の指定と組み方について。

10. 24（金）　1．丸山先生　来訪　3時→4.40

　　　　　　　―旧カナ、歴史的カナ遣いは、それに合った文章
　　　　　　　　になっている。

　　　　　　　―制限漢字というべきでない、標準漢字とすべき
　　　　　　　　である。

　　　　　　1．丸山先生　original 原稿→加藤

　　　　　　　―――――

　　　　　―26日にPrinceton　に発つ。

　　　　　―夫人は1か月後。

　　　　　―その間に何かあれば、そちらへ連絡してもらってよ
　　　　　　い。

　　　　　―München　Oper のこと。

11. 1（土）　1．航空便

　　　　　　　丸山先生

　　　　　　　　新聞　7種

　　　　　　　　"天皇会見関係"

11. 26（水）　1．掛川氏　　　　　tel.

　　　　　　　11/22土曜、神奈川県民ホール、横浜まで丸山夫人
　　　　　　　と同行、音楽会があった。

　　　　　　　夫人はアメリカへ12/2発。

　　　　　　　Princeton雪の米、車に自信なし。

　　　　　　　先方のお世話になった人に何を。日本茶のpack、

　　　　　　　チクマ　岡山氏　tel. でない。

12. 13（土）　1．掛川さんtel.

　　　　　　　Arendt 考える。来週半ば。

12. 27（土）　1．掛川氏

丸山先生手紙、コーエン5ヶ所（?）の大学、引受
けた
Title
社会科学試図集　　1936－1955
　（中野［好夫］「文学試図集」1、2）
Fragen und Antworten　　〃　　ヤスパース?
歴史と理論の間　　　　〃
（H.Arendt, Between the past and future）
　　　　　　　　　The Life of the Mind
　　　　　　　　　Beyond Conformity
現代政治の思想と行動　　1957
　　Thought and Behavior in modern Japanese
　　politics, 1963
日本政治思想史研究
　　Studies in the intellectual history of TOKUGAWA
　　JAPAN
日本の思想　　1961

────────

政治学プリント（丸山）　2冊借用、新年に返す
Titleの件
　　近代的思惟　　1936－1955
　　社会科学試論集　　1936－1955
　　社会科学の試み　　　〃
　　社会科学の試図　　　〃
　　　　試図
　　　　試述）　は発音ではまずい

1975

171

1976

［丸山62歳、藤田49歳］

1. 8（木）　岡和田［常忠］　　8.30による
　　　　　　―Peter Gay, "The Bridge of Criticism"　断念す。
　　　　　　―藤田省三、東京新聞、昨夜の論文、ウマイ。
　　　　　　　"ひた物を御覧ぜよ"「荒地」の中の精神
　　　　　　　文体の転換は"維新の精神"で模索し、みすず巻頭言
　　　　　　　で、形を得たと云ってよい。
　　　　　　　"維新"の文体を云ったとき、当人は我意を得た、と
　　　　　　　いうようだった。
　　　　　　―石田［雄］さん、"みすず"死者との対話、きっとよ
　　　　　　　いものができる。
　　　　　　―兆民について、みすずに何か書きたい。
　　　　　　　そのうちに持ちこむつもり。
　　　　　　―Gayで迷惑をかけたから、何かで埋め合わせする
　　　　　　　（兆民注解をまとめてはどうか、みすず連載でもよい）
　　　　　　―みすず連載"心優しき友"［佐々木斐夫の小説］
　　　　　　　初め第1号では之は何かと思うたが、連載をみている
　　　　　　　うち、仲々よい。昔の空気がよくでている。
　　　　　　　時世が似ているので、単行本になれば売れると思う。
　　　　　　　（探偵小説への待望的な迎えられているような、mood
　　　　　　　あり）
　　　　　　　　一般的に
1. 21（水）　1．丸山　ゲラ
2. 5（月）　1．ゲラ　丸山
2. 11（休）　建国記念日
　　　　　　―丸山　1－241まで
2. 17（火）　（岸本［通夫］）
　　　　　　Benveniste［岸本監訳『一般言語学の諸問題』1983］

丸山眞男批判をやる（平凡社でstop）

言語に即して思考 pattern を追求

日本的 pattern になるという事

2.21（土）　藤田省三　tel. あり

1．イワナミ

文学　6万

歴史　7万　　出ている

1．維新の精神　3ブ　印税サシヒキで送ること

○3版序文　①これ［山路愛山論文］を加えた掲載
誌名がぬけている。

②全体の配列順序をあらためている。

1．ロッキード問題

文明の発生、新石器時代いらい、のはじめての

大転換・大崩壊で複合矛盾が吹き出した。

複合汚染ならば、自民党も、庶民も誰も OK する。

われわれは、いずれにしても被害側である。

みすず小特集は組める。座談会（言いぱなしでなく
誰かがまとめる。）

1．現代史資料　　補巻でなく　社会主義運動（8）と
してやった方がよい。［平野謙氏より資料提供の話あ
り。結局、三一書房から『「リンチ共産党事件」の思い
出』として刊行された。］

―リンチ事件

―転向

―古在［由重］　わざと書かせた　ギソー転向資料
栗栖継　エスペラント　立派な文学
判断基準は獄内の態度で。誰にもわかっていた、
宮本顕治とぬやまひろし
ぬやまが何か言ったとき、宮本が君は千葉で一等
囚だった。それで2の句がつげなかった。

1．みすず　何かLockheed感想、書いたら？

　　　　　　　考えてみるか、という感じ。

3.3（水）　1．丸山　ゲラ

3.4（木）　1．松尾尊兊氏　　来訪

　　　　　　　　　　―兆民の本　返却

　　　　　　　　　　―牧瀬氏の本　注文

　　　　　　　　　　―午後3時　山辺［健太郎］氏、訪問

　　　　　　　　　　―藤田氏　平凡社　平治［物語］

　　　　　　　　　　　　岩波歴史、生松［敬三］できよくない

　　　　　　　　　　　わざわざ、ハガキを生松へ。

　　　　　　　　　　―信州　松本近く　　永田広志の兄に会う

　　　　　　　　　　―朝日書評　　交通費出す

　　　　　　　　　　　　　　　月2回、2冊（半分でもよい）

3.17（水）　1．丸山ゲラ―372

4.10（土）　1．峯村［泰光?］氏

　　　　　　　　　　―古在由重曰く“藤田氏はイギリスへ行ってから

　　　　　　　　　　　よけい学者になったらしい”

4.22（木）　1．丸山先生　　　Normanの件

5.12（水）　植手さん　4.30→5.40

　　　　　　　―宮村治雄氏について

　　　　　　　都立大学に移った。

　　　　　　　彼は藤田氏のために学問的ばかりでなく、人格的にも

　　　　　　　大きな影響変化を受けている。

　　　　　　　1年ほど前“月刊百科”に“諷刺家兆民”を書いた

　　　　　　　が、藤田調であって、成功していない。藤田氏もそう

　　　　　　　いい、松沢、岡氏らもそう云っていた。

　　　　　　　Fの教え方は、“これが重要で誰も云っていない点だ”

　　　　　　　という云い方で、丸山さんとは違う。

　　　　　　　丸山さんの場合、多くの示唆を受けたが、それは、そ

　　　　　　　うした論文指導においてではなかった、むしろ雑談か

　　　　　　　らだった。

　　　　　　　―藤田氏

○　5月1日発、6月中旬までイギリスに行った。

○　しばらく前までは生活ヒ月10万（F個人の図書費などは別）だったが、最近は7万円である。

（夫人は未来社の校正をやっている）

本は随分買っている。とくに、群書類従もそろえたし、英語のpaperbackなど多い。

○　最近書くものがよくないと多くの人が言う、どう思うか。

自分は朝日ジャーナルの"年号論"〔1975年1月号、「昭和とは何か」〕で、第1回はよかったが、2―3号はまことに平凡だった。

松下〔圭一〕氏など直言したが、あとでひどく弁解していた。

○　丸山さんの場合は鋭さ、洞察力は政治外の領域、例えば音楽とか文学とかへの精通と関連して出てくるが、藤田氏の場合は生活そのものから汲み出してくる、その強さは、ひどく違う。

○　「中心の喪失、小文章又は座談会への移行に変化があるのではないか？」（Obi）

いや、保元物語50枚を月刊百科にのせる、その連続を切りたくないので。渡英をためらっていた位だ。

「尤も"言語"のは長くよかった」（Obi）〔『岩波講座文学第3巻・言語』「レトリックとは何か」〕

―学校へは行かぬか？

行かぬわけでないが、適当なところがない。

原則的公言は"法政大学"以上の学校へはゆかぬ、ということで、これに反すれば、自分も抗ギする。

それで、京都も………断わった。

しかし、小さな大学は、Fともあろうものが、何で自分の処にくるのか、攪乱するためか、或いは事件が起

きて、そのあと trouble のもとになることをおそれて
いる。また日共系教員の反対もある。

5. 17（月）　萩原延寿　来訪

—丸山さんの本の title に歴史を入れたい。

—Norman, Berlin, Maitland らについて。

—"オーブリ"の本［Brief Lives］は自分も持っている。

—Oxford の Seminar は国際交流基金からも金が出て、
日本の学者を毎年招聘してやることになって、
第1回石田、第2回丸山、第3回藤田
相当の謝礼出るはず。（1/2英語で、ICO）

—"欧州くんだりに出かせぎ"（藤田氏の言葉、潮の座
談会）、そんなことは云わぬ方がよいが！

—Berlin の Churchill は1年半の余裕があればやってもよ
い。

ぜひやってくれ、あとで。

6. 27（日）　1．萩原延寿
藤田、昨日帰った、元気の由。

7. 1（木）　掛川さんの話

—丸山家、長男、家を出て、青梅街道よりに2部屋の下
宿、月2万円（月給12万5千）学習院数学助手

—次男は食事も going my way, 母と口を利かぬ、
（法政、哲→法律［松下圭一に敬服］、教職課程をと
るで留年）

—先生は8月も Berkeley に止まる、

—"親の欠点が200％も増幅して出て、恥ずかしい話で
ある"云々の手紙

—初めて夫婦喧嘩した（アメリカで）

7. 17（土）　1．松沢弘陽　　2.00 − 2.30
〇みすず、原稿
キリスト教史オチボひろい
Fairbank, Christian Mission in China の本あり。——秋？

○Sheffieldから来た教授（友人、9ヶ月北大）

　　①占領政策——極東委員会について

　　②戦略爆撃調査団の形成

　　　　北大紀要にのせる。あとでみすずはどうか

○戦中と戦後の間（丸山）title よい。

7.31（土）　1．掛川氏

　　　　　　—現代史資料　欧文

　　　　　　—先々週、池内一氏葬儀相談のとき、

　　　　　　　　香内［三郎］氏が、皆10数人の前で

　　　　　　　　"何で藤田氏は大将と仲違いしたの？"

　　　　　　　　彼は最近Fに会い、相変らず、反Mの気焔に

　　　　　　　　あてられたらしい。

8.13（金）　丸山　8月末にかえる。

　　　　　　　　ヴィザ、出国手続きが手間どる

8.18（水）　1．Tel. 萩原

　　　　　　Berlin　　　　学習院　　　河合

　　　　　　来年4月第1週、来日、N.Y.から来る。

　　　　　　Lionell Trilling 追悼演説をColumbiaでやる。

　　　　　　6〜7日、3週間、4月1杯、

　　　　　　1週間東京、1週間京都、1週間東京で公開Seminar

　　　　　　Public Lecture

　　　　　　　　—Utopiaの没落

　　　　　　　　—Romanticismの周辺

　　　　　　　　—ロシア文学の問題

　　　　　　Vico［and Helder］は急がぬ方がよい。

　　　　　　丸山と相談して（45分）

　　　　　　夫人、感じのよい人、金持、品のよい、両方呼ぶ。

　　　　　　国際文化会館　　　Partyやる

　　　　　　次はLevi-Strauss、来年秋

　　　　　　丸山さん相談

8.28（土）　1．掛川さん　ゲラ

　　　　　　　丸山先生　31日帰る由

9. 8（水）　1．掛川さん

　　　　　　—丸山先生

　　　　　　　31日、迎えに行った。羽田、1時間半もでてこない（手続きでおくれた）

　　　　　　　帰る前日に気分わるく、頭痛、一睡もせず、もどした由。

　　　　　　　大蔵官僚で死んだ人は教え子だった。死ぬ前に一身上の相談あり、とのtel. が夫人あてにあった。

　　　　　　　3－4日まてと云ったが、死んだ。

　　　　　　　息子（次男）が父の部屋を占拠した。

　　　　　　　新宿まで同車の由

9.21（火）　11時　丸山tel.

　　　　　　　向うから荷物あり。校正した分、送ろうかと思ったが、帰りゴタゴタして、直したところ（破いて）一部の注釈をかきかけた、中絶。

　　　　　　　27日　5:30

9.27（月）　丸山先生

　　　　　　あとがき　　　みすず論

　　　　　　政治学の国家観念　　　　　　　　　　説明のいるもの

　　　　　　シュミット

　　　　　　神皇正統記

　　　　　　儒教批判（福沢）学術大観

　　　　　　　　　　コーザの歴史は書けぬという事情

　　　　　　　　　　（南原）天皇キカン説について

　　　　　　新刊短評

　　　　　　チクマ、岩波、中公へ諒承の手紙を出すこと

　　　　　　　｜　　　　　　　　　　　　　　（学会関係はよい）

　　　　　　近代日本［「近代日本思想史における国家理性の問題1」］　こだわれば、やめる

　　　　　　Book of the Month Club

Best Year 45-50
　　　　ジャーナリスト（Nation）

　　────────

10日くらいでやる、その頃連絡
　〔後記〕"…………"（一九七六年）
　　　　8p、本文2字下げ
　本文のつぎに入れる

　　────────

索引はなし

　　────────

あとがき
10. 3（日）　丸山先生
　　─昨日、研究会の報告
　　今井［清一］、松沢［弘陽］その他多数。
　　Fは見えなかった。
　　─"ネルボン"は今ある　なくなったらたのむ
　　─岩波のセキレキ［惜櫟］荘にあすゆき、木に帰る。
　　木の夕方、連絡すること。
　　─岩波　六法回収して1億円を上まわる。
　　　　　　もう一つ全集を回収、これも
　　最近の社員の仕事ぶり。
　　旧い人は意見あり。
　　昔は梅徳［梅謙次郎の子息、岩波書店］　"西園寺公
　　と政局"
　　　　波木居［斉二、岩波書店］氏
　　　　Sabine［『西洋政治思想史』］──ギリシア語に
　　　　戻してJowettを
　　世俗的な低下か。
　　"London Times"がSunday Timesに買収されてから
　　誤植多し。Storyなどよむのをやめた。M.G.
　　［Manchester Guardian］にかえた云々。

"N.Y.Times" は昔から多い。

"日本Bus" がここは―――でございます。佐々木内科の前でございます。

public な organ が、こういう広告することは、流石、アメリカでもない。

日本が一番、Capitalism の悪をうけているのではないか。

"編集労働"

　"私" と公との区別

　"私" が "mass comm"（TVなど）で一杯に埋められてしまう。

　編集者の技術の集積は時間を要するが、これがむつかしくなった。

10. 7（木）　丸山

　　　広告のこと

　　　1957までを明記

　　　療養を終って社会

　　　　の最後までに書いたもの。

　――1936から後は20年の論文と

10. 16（土）　1．丸山先生

　　　―あとがきゲラ、あずける

　　　―ゲラ一組、あずける

　　　―火曜　ヨル　8時にゆく。

　　　―チクマ "国家理性（上）" をぬく。

　　　―"近代的思惟" のあとがきを書く。

10. 20（水）　1．丸山先生　"思想の言葉" 2つ　追加組

10. 21（木）　丸山　あとがき　できました

10. 22（金）　丸山先生

　　　―カバーウラ、略歴。　S.46―1971退官

　　　―写真。

　　　―思想の言葉、戦争責任論の盲点（ゲラ）

　　　　　　　　　　　―"文化会ギ"（後記）ゲラ（？）

10.26（火）　丸山先生

　　　　　　―あとがき再

　　　　　　―後記　組み足し分

10.27（水）　丸山先生

　　　　　１．中見出し　和数字→洋？　OK

　　　　　１．副題に年を入れるか。

　　　　　　　　　　　　1936－1957

　　　　　１．［Paul］Robson　省略部分をたすか。足す［「断想」

　　　　　　　1956］

　　　　　１．クロースについて　　　白菱　明るい感じ

　　　　　１．以上十数編の短評　さいごに入れる

11.22（月）　１．丸山先生　　　O.K.

　　　　　　　　　今週末には見本

　　　　　　　　　それまでに枚数

11.27　　　　１．Tel.　戦中［『戦中と戦後の間』］、切りかえの件［「あ

　　　　　　　とがき」に誤り。アーレントの『過去と未来の間』を

　　　　　　　『過去と現在の間』とした。］

　　　　　　○三陽社―梅原［三陽社社員］―大宮へ。2、3日掛る。

　　　　　　250枚―8,000ブ―今日中にあげる（本日5時まで）

　　　　　　○鈴木製本

　　　　　　これから人をあつめる。

　　　　　　17－8人――1日半かかる

　　　　　　あすやるつもり、刷本今日中

　　　　　１．掛川氏

　　　　　　　　Between Past and Future, 1958

　　　　　丸山先生　2時―3.30

　　　　　　―Between Past and Present と間違えたこと。

　　　　　　　刷直しのことで謝す。

　　　　　　―贈呈先については150人位になる。

　　　　　　―月又は火曜に連絡する。

　　　　─名前、住所
　　　　　　岩波ノート
　　　　　　創価学会ノート｝　両方と
　　　　　　私的なものの書き抜き─奥さん
　　　　─中村智子氏、"風流夢譚"事件以後、
　　　　　　現代史の記述はむつかし、人の表現について、それ
　　　　　　ぞれの云われた文脈をはなれて文字に固定すると変
　　　　　　なことになる。
　　　　　　久野［収］さん気の毒に書かれた。
　　　　─中公粕谷［一希］氏、中公編集長を追われた由
　　　　　　その理由は三木［武夫］の Brain の明大教授＿＿＿
　　　　　　が、丸山"思想と行動"より剽窃の文章を中公にか
　　　　　　き、それが読者投稿で指摘された。
　　　　　　それをカスヤが伏せていた。
　　　　　　それが他の事で明かとなった。引っこみがつかなく
　　　　なった。｜
　　　　　　日経が取材にきた。
［11.30『戦中と戦後の間』刊行］
12.　1（水）　1．丸山先生　2時
　　　　　　─本 10 冊
　　　　　　─契約書案
　　　　　　─贈呈名簿
　　　丸山眞男
　　　　　　申告は来年。
　　　小学校 100 年祭
　　　松代──象山の話
　　　スワ──　｜
　　　　　　　　没後
　　　　　　　　生前
　　（信濃教育会　チクマにのった［展望 1965 年 5 月号、「幕
　　末における視座の変革──象山の場合」]）

―――――

日本開国100年

　　　松代小学校100年のとき。　　　西沢先生―学校資料

―――――

　　　宮村［治雄］　東大1年

　　祝意100年ではない

　　　　　　50年代

　　　　　　　――信濃教育にのったかどうか［「思想と政治」

　　　　　　　　1957年8月、「政治的判断」1958年7月］

―――――

清野村でも話した。

　　　象山がでてきた。　　"開国"

終戦直後

　　　松岡会長が来て　再建で　巡回講演4ヶ所。

　　　小学校の先生。

　　　啓蒙のころ。

　　　日本人のmentalityということ

○フンイキの支配

○権力の支配だけではなくフンイキ。

　　　日教組とのハリ合イか。

　　　聴衆多し。

三島庶民大学――木辺［木部達二］さん　キベタツジ

　　　定期的に行った。　　　（K.P.［共産党］になり間もな

　　　　　　　　　　　　　　く死んだ）

　　　連続コーギ"19cヨーロッパ政治思想史"

　　　　　　　　（2時間）10回　草稿バラバラ。

　　　中村哲があとで。米がお礼。

　　　同期、法学部

　　　　　高柳［信一］、石田夫人

　　　　　資料整備室（末広君のつくった）の主任

飯塚［浩二］著作集のあとがき
$$\left\{\begin{array}{l}青年文化会議\\庶民大学——\\東洋文化講座\end{array}\right.$$
戦中より労働者相手の読書会

"資本論"読書会

辻清明

中村哲

（石母田［正］に相談）

羽仁［五郎］は歴史家ではない。

川島［武宜］

広島大学の教授をしている、○○　がorg、

国鉄労

主婦　　　運営委をつくり、

（学生側の委員）カサイショ［笠井章弘］（あとで平凡社に入った）　　　一橋の学生

わが師わが友

日本資本主義の特質（丸山）

日本家族制（川島）

天皇制の起原（哲）

————

やがて、学生のように、つっこんでやれ

思想的なものが入ってきた。うまくゆかなかった。

カサイ（Bourgeois民主主義）とキベとの対立。

————

勧銀の総裁、有竹修二が来て、"福沢"の話（草稿あり。）

福沢"国家の独立なくして、何の個人ぞや"

超国家主義で有名になったので夕食に来た。

安保で明星学園（PTA）で話した。

贈呈者

田畑忍を追加。

2本別配送（著者用）
————

〇契約書をつくり送ること

〇ビールで乾杯　夫人とも

12. 9（木）　丸山先生　5時頃来社

—Opern Welt　10月よし、9月みたし。その他、3冊。

—本の礼など10人くらい返事あり。デンワは禁じられ
ていない。デンワでの礼あり。

—何で礼状はいらぬと書くのか、という人あり。
（本を書き、本をもらう習慣のない人）

—蘇峰の"国民史"の引用資料は、彼の名声で全国か
ら集まったもので、そのまま私有化してしまった。
礼状だけで。

［丸山］幹治氏が一度会えと云っていたが、あわずじ
まいで損したと思う。

3ヶ所くらい、資料分散している。

12. 15（水）　1．掛川

—丸山先生の本

〇どういう人かときかれる、

〇新聞広告を見たが、わからぬ。

〇年代順はよいが、まずジャンル別（書評、
essay、論文）
などに分けて年代順であったら。etc

〇思想統制［現代史資料42］、ほしいと云われ
る。上げねばならぬかと思っている（新研な
どで）。

12. 16（木）　1．丸山　都内の人から、知らない人から手紙が来た。
あとがき"過去と現在の間"となっている。
お礼を書いて、みすずで交換するといってお
いたので。

12. 20（月）　1．丸山　Opern u. Konzert　ほか。

12. 23（木） 藤田省三氏　来社11.30　　昼1：30までとのこと。ス

シヤ。黒ビール

—5－7月　Oxford, St. Anthony Collegeで講じた。

"日本神話の形成と政治意識"（?）60－70枚

その原稿あれば"みすず"にてはいかん。

—戦後史を

°竹内好　魯迅訳　あとがき　枯れてよい

°林達夫　笑（Bergson）改訳　あとがき

°石母田正　英雄時代の文章→日本古代国家論の即物

的dryさ

この変化によって捉えたい。

—現代史資料はのこる。津田裁判記録の古代史はよい。

津田の文章より、よほどよい。間違った所もあるが。

—保元物語　平凡社　来年中には出したい。

一日何枚と自らに課す、どんなに下らなくても。あと

で、まとめて、書き直す。

12. 24（金） 丸山先生tel.　損せぬように。

1．重版の件、訂正について。

月曜日（27日）11時tel.のこと。

1．西谷［能雄、未来社］氏昨日tel.あり。

うらやましい。よく辛抱して。

小出版社へのencourageをほめられた。

大手も考えるとき。

12. 25　　野田［良之］先生

戦中と戦後の間

During the war

Between

1977 [丸山63歳、藤田50歳]

1.10　　　1．丸山先生

植手君　　イジワルシ

年賀に正誤表を送らしてもらいます、云々

［以下、別紙、藤田省三による『戦中と戦後の間』評。日誌とは別に保存
されていた］

掛川　　　　　　　　　　　　　77－1－12

F氏の丸山論。

特徴

第一、単的に、精神的鎖国の下で、そうした

もの　悪条件を突破して、思想形成

　　　　　　　　　　精神　　　　＼

　　　　　　　　　　　　　　　　　　を

　　　　　　　　　　自由な知性／

形成した。精神の開国を、日本で

只一人成しえた人である。

根本的には、知的革命を遂行

している。知るにすべてを賭ける。

力学的論理

そうした　General grammar を持つ。

その点においては、

日本において、この時代に、知的インテリ

の宿命として

内面的緊張をもった知的先駆者

としての運命をもった。

これが他の人には緊張がない

「この緊張を説いた［解いた?］ことがない。」

このことが悲劇を生んでいる。

他の人は、

　　　ものしりではない。

過去には

　　　学説史の習得にあった

「社会科学」を生み出してゆく

経験的な事実を学び取り

概念を生み出してゆく。

　　　仮説そのものも生み出す。

　　　方法、プロセス

───────────

「偶感」のなかにあり。

これ

───────────

①学的論理構成へのきびしさ

　　　　　　　　緊張さ　と、

───────────

②感受性の 〈みすみずしさ

　　　　　　柔軟さ　　〉が欠乏している。

　　　　　　やわらかさ

　　　daily life　感性

　　　　　それがむすびついている。

　　　　　二階立てになっている。

経験的なものからの学び

　　　媒介のみごとさ

───────────

大事なのは

「戦後思想の出発」

「近代的思惟」のあとのことば

をカッコで抜いたらどうか。

　　　　　　（マニフェスト）的イギを持つ。

広告で。

読者からみると

　　戦時下の業績。

　　　　―――――――

　　　　　を高く

――――――――

短い広告文はまずい。

　［別紙終了］

―――――――――――――――――――――――――――

1.27（木）　1．掛川

　　　　　　―戦中［と戦後の間］　1、未来社のはイロイロtextにな

　　　　　　　　　　　　　　　　　　るが、これはそうでない。

　　　　　　丸山先生　22日の会　2、いい気になってはならぬ（部

　　　　　　　　　　　　　　　　　　数の点で）。

　　　　　　　　　　　　　　　　3、植手氏が先生に云ったこと

　　　　　　　　　　　　　　―あとがきはよくない。

　　　　　　　　　　　　　　―先生のこれからの本の校正は

　　　　　　　　　　　　　　　　私がする、という申出。

2.23（水）　1．丸山先生

　　　　　　4刷［戦中と戦後の間］　見本とどける

　　　　　　平田篤胤全集3冊とどける。本代印税さしひき。

　　　　　　ネブロン、5ミリとする。

　　　　　　加藤周一書評（朝日文芸時評2回ぶっ通し）

　　　　　　　　これはチクマ思想史講座"日本の知識人"の敷衍で

　　　　　　　　ある。加藤持説の一例として書かれたもの。

　　　　　　　　こんなに書かれると、あとの反動がこわい。

　　　　　　　　自分に気付かなかったのは、画家の回顧展との比較

　　　　　　　　である。加藤的である。

　　　　　　安東仁兵衛

　　　　　　　　全学連のleader. "昔の敵は今の友"

　　　　　　　　安田講堂カンラクの1－2日（?）、完全な傍観者と

して、藤田氏をして "さすがproは違いますね" と
云わせた。
　加害者としての自己の表出が第一であるとして今度
の自伝を書いた。（日本共産党私記）
　5－6冊は売った。仲々の評判になっている。
　Princeの堤［清二］氏など、彼がいればありえない。
　第一次 "現代の理論" でおい出された、宮本第一の
子分。
　こんどのあとがきについて直言したのは彼である。
E.H.Normanについて、ふつうでない事情でcommittす
る。
岩波で萩原君と対談した。［「『クリオの愛でし人』のこ
と」思想4月号］
Peter Gayの "Style in History" のGibbon以下の記述な
ど。
吉川［幸次郎］さん "仁斎ソライ"［『仁斎・徂徠・宣長』
岩波書店、1975］の批評をたのまれている。こまる。
藤田君みたいにall否定では書かないが。
千葉本納［徂徠、勉学の地］へゆくなど大変元気がある。
佐々木［斐夫］氏3－4日前に来た、たのしかった。
日本では異端の人、加藤［周一］氏もそうだが相容れぬ。
行政に足をつっこむことはやめた方が、と云うのだが。
江藤文夫氏も（成蹊学生課長となった、昔の闘士）その
ことを云っていた。
片山［敏彦］さん、充分に理解されているか?
R.R［ロマン・ロラン］、Jean-Christopheは昔は通過儀礼
だったが、今はそうでない。岩波でも、<u>ガタオチ</u>だとい
っていた。
"読書新聞" の読書評）
　大学新聞（公明党））　　　　　love-hateのもの
　　全学連のあの時期（'69年）はすべてそうだ。

　　　　　帰りがけに。

　　　　　"みすず"広告（朝日　日経のものを指す）また大
　　　　　きいのが出たね。

　　　　　"いや、自分のが、というのではないが"

　　　埴谷雄高氏　外的世界の認識ではメチャ。

　　　　　文章としては、内的世界の表出としてはまとまって
　　　　　いるが。

　　　加藤周一氏　"著者紹介"を書くとき、あの"盛り合せ
　　　　　音楽会"の事が頭に浮んだのだが。彼は何でも理解
　　　　　する。ふしぎである。音楽の趣味でか。（書評での
　　　　　"盛り合せ"のところでは、盛り合せは、総合雑誌
　　　　　の事になっている）

2.26（土）　1．掛川氏

　　　　　―丸山眞男――イマまで

　　　　　　　　　　｜

　　　　　　　　　真―――今度

　　　　　―書評、共同、訂正され不愉快、copyをたのむ。

　　　　　―岩波、緑川［亨］氏、東大新研コーギ、どうするか。

　　　　　―M先生が、現代史資料［42「思想統制」］を評価し、
　　　　　遠山茂樹氏がホメた書評（Asahiで）をしてくれたこ
　　　　　とをよかった、と云っていた。

3. 6（日）　1．竹内好［3日死去］　　　　　誄辞　藤田省三

　　　　　　　　　　"展望"断われぬ　　　　特集　15枚

　　　　　　　　　　"未来"　　〃　　今月ではなくてよい

　　　　　　　　　　　新聞は断わった

3.11　　　　1．掛川

　　　　　―19日　VGの会　思想統制［現代史資料］で話す。

　　　　　―丸山　戦中　売行　岩波　取次できく

3.12（土）　1．丸山先生　　10.30 tel. あり

　　　　　―出版会2時、南原先生書翰の会あり、それにゆく。1
　　　　　時に来社

―著者献呈本　4ブ

―本代は伝票で引くこと

―textとして、立教の住谷［一彦］氏も使う由

―加藤［周一］氏には①日本文学の批評として②戦中文
　化人のあり方への怨念として。むしろ、丸山の本の
　評の形でなく書いた方がよかったのではないか、と、
　手紙を書いた。

―あの文芸時評は反響あり。中村（光夫）など、怒っ
　ていたようだ。
　中村真一郎から本を貰って、贈呈したが、しかし、や
　はりこの加藤評による。

―とにかく週刊誌とTVで時間をみなとられてしまう。
　一つのものを繰返して読むということがなくなった。
　LPにしてもそうだ、大木正興がLP評をするのは拷問
　にかけられるようだと云っていた。
　（昔は一人で野村胡堂が全部やった、今はジャンルが
　分れているが、それにも拘わらず）
　むかしは数もすくなく、すぐ4分すれば竹針のさしか
　えで、まじめにきかざるをえなかった。
　いまは、LP30分で、その間“ながら”できく。よく
　きくことはなくなった。
　本も同じだ。繰りかえし、一つのものを叮嚀に読むこ
　とがなくなった。

―木鐸社　能島［豊］氏はお茶の水書房にいて、“政治
　の世界”は社研の安良城［盛昭］氏がアルバイトで筆
　記してくれたものだが、
　原稿に書き直し、一行あきで書いて持ってきた。
　そのCatalogueを見て、
　Kelsenの“自然法論”
　について、昔、田中耕太郎先生が、君の“自然と作
　為”の論文は申し分ないが、ただし一点、反自然法の

Kelsenの文章を引いたことはまずい、云々と云われた。
このKelsenは今のHistory of Ideaの雑誌の前身の“
　　　”に亡命してのせたもので、正義は存在しない、
しかし人は執念を持つものだ、それによって動くの
だ、それは事実である、云々と結んでいた、感激だっ
た。
（英文を朗ショウした）“Kelsen正義とは何か”［木鐸
社］
いい本を出している。
岩波などザンキすべきである。
―未来社　松本［昌次］氏の教師時代のお弟子が大工
　［庄幸司郎］で、それにいろいろして貰っている。
　（今度は編集者には誰にも送らなかったのだが）
―週刊ポストの書評（鶴見俊輔）［別紙添付］に対して、
　読んだ――何か云いたそうな調子がある。
―問題の根原、週刊誌とTV。時間の収奪。人間の半分
　は女性だから、それが昼間よろめきドラマでおかし
　くなるということは大変だ。
3. 26（土）　1．Tel. 掛川
　　　　　　―関西大学に決まった。春からゆく。［2001年まで］
　　　　　　―VG報告会。丸山先生曰く、昨夜3.30までよんだ
　　　　　　　がやめられず、よくできている。その上で云う
　　　　　　　が、大学関係に限定されていることを付記した
　　　　　　　方がよかった。云々［掛川編『現代史資料42』「思
　　　　　　　想統制」のこと］
　　　　　　―萩原氏、Berlin来た、多忙。
3. 29（火）　1．丸山　　訂正　　tel.　民主主義のこと、訂正する
4. 26（火）　1．丸山先生
　　　　　　28日　山辺［健太郎、16日没］さん　告別式　行こ
　　　　　　　うか？“東久留米”
5. 9（月）　1．丸山先生

荻生徂徠250年祭記念事業について

1．“日本歴史”講座をみておどろく。全然進歩のないのに。

依然として、Lenin, Marx, Engels……など、ナマの引用で。

全然、外の領域の挑戦を受けてないためである。

（歴研中心）

1．Berlin, “Vico and Herder” 贈呈。

1．“モーゼス・ヘス”だけ読んでいない。みすずにのせたはず。

丸山先生との話

　　—昔、オペラ全集があった。

　　原語、訳、主要部の楽譜を入れる。

　　今いくのではないか。

　　—言論　問題的　資料集成、はよい

　　“大正デモクラシー”二次元的な思想史

　　杉森孝次郎　法政にいる　　　氏がやっているが。

　　全体的な感じをつかまえる必要あり

6.16（木）　—丸山先生　今日から北海道

6.29（水）　1．丸山先生　　2.30頃　　——と——

　　丸善のドイツ思想と文学者展で。

　　下でCoffeeをのむ。

　　—Kelsen, H. Platonic Justice

　　Ethics, 48Bd. 37-38. Seite 269-296, 367-400.

7.27（水）　1．丸山先生

　　　　来週の末まで湘南、セキレキ荘。

　　New York Review of Books

　　　77. 7.14号

　　　　Harvardとマッカーシズム

　　　　抵抗は神話ではない

　　　　真理対Harvard

Bellahが一役加わった。

K.P.だったと告白をしている。

欠　4.28日号

　—5.26日号　あり　内部規制のことバレている。

未　7.14日号

8.25（木）　1．萩原さん

"戦中と戦後の間"　?　and after glow

日本語の説明文　　要約を速達で送ること

（英文200 〜 300語）

8.26（金）　1．萩原氏　丸山、要約文送る

9. 1　　　　丸山さんの訳　"Between pre and post War"

9.13（火）　1．丸山先生　　2時

Kelsen, Platon　英訳でぬいたこと、これは一つの

　　　　　　　　　　—付問題のわからなさ

（彼はSophistである。それが書かず

にはいれなかった、自己の所論を全

部否定する結論を。33、38年。

戦後はdemocracy万歳?）

このこと、みすずに書く。（ICU）

冬休みまでには。

9.27（火）　丸山眞男

ヨワッタ　　"戦中と戦後の間"　大仏賞（朝日新）

センコー

石川　淳

吉川幸次郎

中野好夫

都留重人

文学に限らず

3つ、センコー基準あり

堀田善衛"ゴヤ"と一緒になった。

決定おそい。辞退すれば、こまる。

　　　　　　　失礼にあたると思い、民間だから

11. 8　　　　丸山先生
　　　　　　宣長からソライ　　吉川〔幸次郎〕　⎤
　　　　　　　　　　　　　　小林〔秀雄〕　　⎦　文学の方から見
　　　　　　　　　　　　　　　　　　　　　　　ている

　　　　　　韓非、　　　　　石川　淳　⎤
　　　　　　ソライ、そのまま　　　　　⎦
　　　　　　思想のどこに重点をおくか
　　　　　　吉川にカリ
　　　　　　　Oxford 前から云われている
　　　　　　─────
　　　　　　もの　　　　多義性
　　　　　　　ものかなし
　　　　　　　ものにゆく
　　　　　　　もののあはれ
　　　　　　　　Sache だけではない
　　　　　　　　日中　　cultural contact の一例

11. 15（火）　1．丸山先生
　　　　　　　―3”4”アジ（若狭）とどける
　　　　　　　―石川淳　11/12の報告
　　　　　　─────
　　　　　　―ソーウツ病、出版社に多し、ソーウツ・分裂病併合
　　　　　　　型、今迄来ていた人、その相談。
　　　　　　　大野（岩波）氏、最近の病痕である。
　　　　　　―Claude Lévi-Strauss フランス大使と一緒に話したい由、
　　　　　　　近く会わねばならぬ。

11. 29（火）　丸山先生
　　　　　　　1／19　朝日講堂　〔徂徠没後250年〕記念講演会
　　　　　　　（東京）
　　　　　　　―開会の辞　アイサツ　　丸山眞男
　　　　　　　　会を持ったイキサツ

　　　　　―贈位問題の経緯（衆議院の資料）
　　　　　―徂徠が贈位されなかったこと
　　　　（荻生家の資料をとどける）
　　　―講演　　　　　　　　　　　吉川幸次郎
　　　―――――

　　丸山先生
　　　　Claude-Lévi-Straussのこと
　　　　2日会った。初めは人数多くだめだった。（となり
　　　　に参事官、2日めに呼んでくれた）
　　　　二日目は個人の家で（フランス大使付参事官、若
　　　　い、丸山英文Intellectual Historyをよんでいる人）
　　　　このときはよかった。夫人はきれいな英語を話す。
　　　　Intellectual History 英文にサインで、
　　　　例の労働と職業についての関心にひっかけて、苦労
　　　　人……に献呈、云々で、苦労人の説明をしたら喜ん
　　　　でいた。
　　　　素朴な素直な、ナイーブな人、尊大さのない人。
　　　　Parisに来たら、是非寄ってくれなど云っていた。
12. 16（金）　1．丸山先生
　　　　―日本Furtwängler協会の本
　　　　　Furtwänglerの秘書Geismalの本の邦訳
　　　　（The Baton & the Boots, ’43英、’47独）
　　　　面白い。
　　　　みすずアンケートに。
　　　　―明治文庫へ日本及日本人をしらべに行き、
　　　　（三上参次・犬養毅のこと）
　　　　それはムダだったが、犬養の手紙の中に、ふれた
　　　　ことあり。
　　　　又論争の如きもの、大毎大4の分にあり。
　　　　―中公　やってみるか？
　　　　―東大法、18年組、S25一挙に助教授となる

（我妻［栄］学部長のとき）

石川吉右衛門他

1/19　ソライ

―Titleは出さぬ

あいさつ　丸山　日本の当局によってどう扱われ
たか

今日がpublicにソライ記念の初
めての公けの集会であろう。

講演　　　吉川　日本思想史における徂徠

―本中心の展示会　国会、東大、大丸？

―小林［秀雄］　宣長

C.Lévi-Strauss

小林氏がL.-S.を好まぬ云々（大□）に対し、
何れも非歴史的。話が合いそうなものだが。
云々

Lé-Sと東南アジアの稲米儀礼のことにふれて影
響のことを話したが、彼は影響関係を絶対否定
した。

そのものに同じようにそなわっているという考
え。

―今中［寛司］氏の丸山批判には、夫々本に書き入
れてあるが、

①ソライをnominalistと比したことを非歴史的と
した。

②ソライは荀子に似る（今中曰く）。

荀子曰く"人みな聖人たるべし"とあり、決定
的に違う。個人道徳の分離なし、ソライとは仮
説的に違う。

公と私の分裂なし。

12.24（土）　1．掛川　　12時

―新聞学会報告　"石河幹明と時事新報"

―丸山幹治"旅順戦記"貸す
―岩波　緑川［亨］氏
　　　○抜てき人事であったため、先輩のsabotageあ
　　　　り、
　　　○社員6〜70人のうち10人くらい。編集会議
　　　　のactive
　　　○藤田氏に年2回行く。アイサツ。
　　　○Hellmanやる由、2000ドルad。
―高橋誠一郎選集?

1978

［丸山64歳、藤田51歳］

1.14（土） 1．荻生［敬一、徂徠より8代の末裔］氏　　100枚案内
　　　　　　ハガキ／碑案内文ゲラ
　　　　　1．丸山先生　tel.　15日 app.
　　　　　　—荻生書簡類一度借りたし
　　　　　　—社研VGの会　14／午後
　　　　　　—文章［徂徠碑案内文、三田・長松寺］はあれでよし
　　　　　　（但し教委の看板を前提とす）

1.19（木） ［徂徠没後250年記念会案内状添付］

5. 9（火） 1．藤田省三　　　10日昼前後

5.10（水） 藤田夫人急用。金曜日に。

5.12　　　 1．藤田省三氏　　　　9時30分頃
　　　　　　—法政大学院の　　　　氏、就職可能か（Crickの
　　　　　　共訳者）
　　　　　　—学校は法政、千葉大、何れも教師がたまらぬ。
　　　　　　今は平凡社　日本文化史辞典の項目選定で食って
　　　　　　いるようなもの、
　　　　　　—本は約束多く、
　　　　　　1．昭和史？——第2章、100枚まで渡した、あと
　　　　　　まだ。
　　　　　　2．"親鸞"について、大学セミナーで話した。
　　　　　　親鸞が政府の敵であったのは、その音調、調
　　　　　　子である。このことをまだ云った者はない？
　　　　　　3．自由を伝える思想家は徂徠と福沢である。徂
　　　　　　徠論を書いてみたい。（みすずでどうか?）
　　　　　　4．イシンの精神（67）以来、大分道草を喰っ
　　　　　　たが、ようやく展望が出来てきたようだ。
　　　　　　（故事再編など）

Benjamin "Baudelaire"、アイヒェンバウム "Tolstoi"（Formalism の Propp はすばらしい）など有益な示唆であったが、

groupe の構造性を symbolize するもの ＞ 複数
"

これを現象として統一的に配置する。
日本の思想史をこれでやって見度い。

―Starobinski の本［『ルソー　透明と障害』］はよい本だった。
（新潮の Starobinski［『道化のような芸術家の肖像』］はよんでいた）

―丸山先生　贈位など何であんなテーマをやるのか分らぬ。

―<u>徂徠</u>は出るのか、□□□□などやめて、早くやった方がよい。

―丸山、福沢の originality を云う、何の理由で、それに答えられぬ、自分には答えがある。

―福沢の<u>ヤサシサ</u>とは、ヤサシク書いたから、というのではなく、全体を見通し、よく理解していたからだ。

―Satire、humour で理解と見通しを与えることだ。

1、Granet の歌謡［『中国の祭礼と歌謡』］の本を失くした。
あの本はよい。

1、Granet の著作集を出すことはよい。

1、文字で漫画を書く（Steinberg と対比して）

8.29　　1．植手
―藤田氏、最近は人の悪口がなくなった。

9.8（金）　1．Tel.　丸山先生　あす
守本［順一郎、1977年10月1日没］、追悼論文集、1周忌に間にあうように書いている。

201

4－5日の勝負。

ヨロウと

江戸時代

来週の半ばに連絡する

9. 27（水）　丸山先生

Chicago

San Diego　　　音楽祭

Dallas

　　　──Callas　リハーサル　海賊版

　　田舎に根拠地あること

München　夏の音楽祭　Fest Spiel

==============================

　擬似普遍主義──日本主義

　　　　　　　　土着主義

　を超えてはじめて普遍主義が出てくる。

S.42　Raymond Aron　知識人論

"Sartre" 映画［『サルトル　自身を語る』］　面白かった。

・西欧普遍主義──ブルジョア的、であることの批判

・ヨーロッパ主義の自己批判（M. Foucault）

──────

朝永［振一郎］先生　　　humour

川島［武宜］　各分野の学問史が少ないので貴重。

法律学　ひどい。

星野［英一］（東大民法）orthodox 関心あり

　　梅ケンジロー［謙次郎］＝洋行して

　　民法典論争→学問の発展

　　明治─大正─我妻民法　に至るまで。

　　梅謙次郎　　民法学の建設者

　　　　　　　　　個人主義者

　　後には国体主義者、

　　　牧野［英一］、我妻［栄］など

法人実在説──習ったとき実在説
　　擬制説──末広［巌太郎］、曰く
　　　　　梅先生の実在
　　　　　明治には実在にして個人説
　　　　　国体
　　　　　　　あとはfiction
　　誰も問題にせなかった
民法 Napoléon 法典
フランス革命的ブルジョア個人主義、なり
"第一条　権利の発生は出生にはじまる"
日本の実情から除く。
穂積［八束］"民法出でて忠孝ほろぶ"
機関説の如き　あたりまえのことがあたりまえでなくなる
どういうときに国事行為になるか。（?）
法律的思考が庶民思考になじまない。
法律学を思想史として見ると面白い。
　　逆説的
──"労働協約"思考
　　　　個人権の否定
　　　　　主義［権?］の侵害
　　　　　　｜法理で説明できぬ。
"市民権と社会法"
　　　────

"何人も見る権利あり今日の月"
　　　　　　　（梅ケンジロー）
　　美濃部［達吉］の悲劇
　　憲法は法律的
　　憲法は道徳的
　　　根本的個人主義
　　田中［耕太郎］団体主義
　　　　　Collectivism

Gierke　その頃　国法論　よまれた

個人か国家か　＝ G、［Gierke］は反対する

近代国家に対する　　　　中世的立場

　　　　　　　　近代労組［?］

　　個人主義　↓　　　からの反対

　　　　　　　　ここからナチの medievalism

　　　　主流にならぬ

身分主義は貴族主義になる

法律的思考はなじまぬ

　　日本的思惟の弱点が形式論理である

国体自身に生命あり

西欧文明の中でイミあり

村共同体とベタベタになる

個人主義の本家でも個人主義への批判は出ず

法律家には歴史的興味がない

"解釈法学"も歴史の産物である

"経済学"内田義彦

　　　河上肇の位置付け

————

学問の思想史

特に経験科学について

哲学は割合にある

中国人、Princeton、科学思想史で話した。

　　　　　History of Science

　　　　　Hegel、弁証法

　　　　　　　Cassirer の あと がない。

認識論の歴史……感嘆した。

————

思想史の概観

　　Mannheim の知識社会学

　　　戦後は面白くない

Ideologie u. Utopie
深甚な衝撃だった。

─────

宇野［弘蔵］　Ideologieと理論の区別をすてる
　　Weber以前では当然
　　Marxの中ではいみ
　　あたりまえの事だが、Marxismの中だけ。
　　区別して、どうして関係するかという問題に苦し
　　む。
　　Weber価値判断との峻別する苦しみ

─────

個別科学の領域で　蠟山［政道］さん
"政治学問の歴史"　画期的

─────

飯田［泰三］"長谷川如是閑論"　面白い
　吉野作造"国家と社会"の区別。
　　　　　　　　　何かの仮説。
大正Democracy時代の思想状況
　　　政治学の発達
　　　　国家から独立した社会の発見。
政治の社会的キソ（大山［郁夫］）
　　→Marxismイゴ

─────

飯田氏　　流行思想家
　　大正思想史　Minorな思想家、の研究
　　　　　　　杉森孝次郎
　　　　　　　中沢臨川
　　　　　　　土田キョウ［杏］村
　　　　中公　top
室伏［高信］
これをしっかりおさえないと、大正がよくわからぬ。

荒瀬［豊］、如是閑、について書いていた。

───────

紅野［敏郎?］氏は一橋出［?］
長谷川如是閑に会いに行った。
　左翼時代にふれぬ。
　森恪氏もそうだ。
　“我等”から“批判”へ
　如是閑の妹が心配した。赤になって仕事なく、浪人した。
　大川とケンカしてやめた
　・緒方［竹虎］──liberal　カジ［嘉治隆一］氏
　・ミトロ［美土路昌一?］　　　　　　派の対立あり

───────

Habitation
シャモーニ　Munchen助手
　　　　　「日本の思想」［ドイツ語版］訳者
Seifert［同上、ドイツ語版訳者］藤原［保信?］
西独、ききしにまさる反動
Terro
いかなるものにものせるな
忠誠審査1人拒否して首になった。
ドイツ、Juden
東も西も、君主主義は信用できぬ。
Rechts違反的
Rechts───傾向のある

───────

新左翼への所属だけで、仕事を起す。

───────

Heidelbergで大臣が〒配達人にもなれぬ。

───────

暴力を賛美してはならぬ（西独）

TV政治諷刺番組、自主規制で、暴力賛美の
傾向あるので、中止する云々。

───────

［Ivan］Morris曰く、
丸山論文Teutonicで分りやすい。

───────

独逸人
　分りよく、こんなに分る本はない。
　すぐドイツ語になる。

11. 12　丸山先生
　1．荻生徂徠への疑問
　　　─田舎礼賛主義、田夫野人主義の誇りと
　　　　中華文明主義との関係は？
　　　─兵学への異常な興味と
　　　　中華文明主義、文化主義との関係は？
　　　　　この関係は分らぬ、ミステリーである。
　　　─長原征斎は"燃犀録"（儒林双書）にふれてい
　　　　る、問答体で、
　　　　どういう人か、"南方熊楠君に答う"（日本及び日
　　　　本人）の中で、藤田幽谷に「東海談」（篠崎東
　　　　海）への評あり、どこにあるか。S.11年の全集に
　　　　は漢文だけでそれはない。
　　　─山田奠南は岡松甕谷（古注学）の弟子である。
　　　─民族主義者としての徂徠（吉川）は分らぬ、こ
　　　　れがそうならば日本人みな民族主義者だ。
　　　─最近の週刊ポスト
　　　　HayekがGalbraithをやっつけている。
　　　　彼は政府の統制は悪である。
　　　　自由市場主義の徹底したもの。
　　　　市場経済絶対主義、市場価格主義
　　　　古典的liberalismである。

Road to serfdom をある書評で Road to reaction と云った。

論理実証主義——Wien 学派。元々、イギリスで出た考えが Wien にゆくと、えらく純化される。

——Contradiction of capitalism

（Wiedersprach of capitalism）

Weber も、価値判断の問題、Wien 学派的というと語ヘイあるかも知れぬが。

Marxism でも

中国の朱子学でも

　　日本にくれば純粋化する

　　朝鮮だとさらにひどくなる

——Galbraith とか Bell とかを Raymond Williams（Cambridge）（Culture & Society）　が New York Times に書いた時局便乗性、啓蒙家を批判した。

——Fritz Stern 曰く（I. Berlin の会のときにきた）

P. Gay は啓蒙家、買えぬ。

前に Style in History（文体論）を紹介したが、彼は Bookmaker であり、ユダヤ人の器用さである。

——Stern "Iron & …"［Gold and Iron］Bismarck 時代を書いた、□□なものだが大きい。

彼の編集した苦心の書。Variety of History

（Anthology ?）

——国際文化会館に宿泊して、立つ前の日にあった。

比較文明論を次から書くらしい。

——日本の Utopia 思想（丸山）をたのみたい。

各国の Utopia の比較をしたい、と云っていた。

——Weber の会

　　上山安敏の報告よかった。

　　第一次世界戦争直後のドイツ

　　Weber の孤立した姿、

学生や George Kreis の中心

20c ドイツの論壇思潮の流れ

――Maria Callas

日本 Columbia　今月発売の "Macbeth" はよい。

Bruno Walter Society

（アメリカの海賊版　友の会）press　よい

○BJR（アメリカの良心的なもの　これはよい）

○MRF（大手、だめ）

イタリアのチェトラ

Milano の Scala の縁あり

海賊版をすべて合法的に出した

安くない

1．掛川さん

5／初　先生には3月以来お会いしない。

1．Auden 書評の本［『オーデン　わが読書』］いい本だ。

1．F. Stern, Politics of Despair

12. 1　　　1．藤田省三

――"アナーキズム"（続資料）には解説したし。

○伊藤信吉　逆流の中の歌――詩的アナーキストの

回想（七曜社）は面白し

――中世資料、現代訳（よみ下し）などで、できぬか。

看聞御記　etc　面白い。

――明治 journalist――

柳北から桜痴（もしや草［紙］）…兆民まで。大変

よい。

川路聖謨も書きたし。

――岩波 Bonus 3.8　編集者はものを知らぬ

――岩波「吉田松陰」　維新の精神に収録すればよい。

12. 21（木）　丸山先生

――牧野［伸顕］日記について

丸山幹治のことあるかも知れぬ。

"前島密伝"（丸山［幹治］）には牧野の序文あり。

2.26のときの牧野は第一攻撃目標で、木戸日記に詳しい。

湯浅倉平、西園寺、木戸、牧野らが揃えば、"重臣リベラリズム"の性格と限界が分って面白い。

宮中の私事は、宮内省宗秩寮で取扱う。（東久邇のことあり、原田［熊雄］日記?のとき、もめた）

― "大正"としてのまとまり

アナ、ボルなど、すべてが萌芽である。

震災（T.12）以後は昭和のはじめである。

飯田泰三"吉野作造における政治の発見"

ドイツ国家学から政治学へ。いわゆる「憲政の本義」…は古いもの。長谷川如是閑から影響をうけて、そこから逆に、政治を見直す。松本三之介の異論提出もあった。

吉野について、松尾［尊兊］、三谷［太一郎］、松本（三）［三之介］らの研究、政治史的。思想史的にはまだ。

"大正期"の文明批評家の出現。

明治の国家、国士ではない。

ハイカラ、インターナショナリズム

その地盤の上に"綜合"雑誌が生まれた。（文学まで包括する）

現在埋没した巻頭論文筆者

杉森孝次郎

土田　杏村　大衆社会を先取りしてる、反マルクスでやられた（復権しつつある）

中沢　臨川

室伏［高］信

太陽と中公、改造の発刊との違い、明治とは違ってきた。

日本及日本人の特殊化、右翼化の過程でもある。

B.Silvers　　　　　　7−8人の才あり

　武満［徹］、安部公房

　鋭い質問　なぜ児玉誉士夫伝は出ないのか。

　伝記が喪失して、事件主義になった。

　山路愛山のあと、すぐ司馬遼太郎になってしまった。

12.26（火）　1．萩原延寿

　次に基金で呼ぶ人

　Susan Sontag

　Eliszabeth Hardwick（文明評論家、

　　　　　　故 Lowell 夫人、NRBの編集顧問）

　Meyer Schapiro（Columbiaの芸術史、芸術思想史、

　　　　　　元Marxist）

　Carl Shorsky（Princeton、Wienの都市の発達と芸術

　　　　　　の思想史、ドイツの社民、研究の処

　　　　　　女作あり）

　藤田氏よいものを書いた、感激した。［「書目撰定理

　由──松陰の精神史的意味に関する一考察」か?］

　あれについて "思想の言葉" に感想を書く。（いつ

　になるか分らぬが）

　─丸山先生から呼びや［屋］と云われた。

1979

［丸山65歳、藤田52歳］

3.22（木）　1．藤田省三氏より tel. あり

　　　　　　　―あす北海道へAirでゆく。24日夕方帰る。

　　　　　　　松沢［弘陽］氏に用事ありや。

　　　　　　　Hugo Ball［『時代からの逃走』］かりたまま、おちたら
　　　　　　　ば、夫人に云いおく。

　　　　　　　―昔ならば九鬼周造"いきの構造"の如く、10pで100
　　　　　　　枚1冊でがっちり本格的なもの1000冊 Hard cover で。
　　　　　　　新書判に倦きた人にはよい。minorityの読者はある。

　　　　　　　―アサヒグラフの連載でも、そうしたらどうか。

　　　　　　　あれは説明的にしすぎて、1／2くらいだらだらして
　　　　　　　いる。

　　　　　　　法政［大学出版局］のAdornoのMinima Moraliaの水準
　　　　　　　でできればよいが。

　　　　　　　―みすず巻頭言のlevelならよい。又やりましょうか。

　　　　　　　―Hugo Ball の本は説明せず、ヒントが多い。

　　　　　　　―4月初めにtel. して、相談に伺うこととする。

4. 2　　　　1．掛川　9.30　tel.

　　　　　　　丸山［健志］氏　もう一度会いたい

　　　　　　　［みすず書房の］就業規則をみたい

　　　　　　　2:30

4. 3（火）　1．丸山健志氏　4/9より。訂正4/16となる。［みすず書
　　　　　　　房に勤務］

4.11（水）　1．藤田

　　　　　　　佐藤春夫／上田秋成論

　　　　　　　吉本隆明／歳時記

　　　　　　　佐藤春夫／鷗外論

　　　　　　　森鷗外／Rilke日常茶飯の紹介、対話

北大での話

　　鷗外　リルケ日常茶飯の話

　　みすずにいかん？

一字を大きく組んだ、うすい本　　70枚　吉田松陰

5.30（水）　朝日ジャーナル　　　氏

藤田氏との中野読書会（庄建設）

　　—Adorno　ミニ［マ・モラリア］……

　　—　　　　　失業　カマタ・サトル［鎌田慧］（チクマ）

　　—ペテフィ詩集　　恒文社

　　—プスタの民　　　法政

　　—石光真清自叙伝　全4冊（中公文庫）

　　—"サラリーマン"Krakauer　　法政大学

　　—市村弘正（法政講師）

　　　　狙徠・読書会　みすず全集

6. 4（月）or 5（火）　藤田省三氏

　　—Sontagについて。

　　　　ルカーチ論（ブレヒト論?）そそかしい断定あり

　　　　"反解釈論"はよい。

　　　　ルカーチ"Geschichte u. Klassen Bewusstsein"につい

　　　ても、外面的である、内面にわたることなし、そこ

　　　で論争すれば面白し

　　—リヒトハイム"ヨーロッパ文明"

　　　　　　　　　　"社会主義小史"

　　　　　　　　"構造神話労働"　　各1

　　—I.Berlin

　　　Weber　何が面白いか、ときかれた、（萩原）

　　　しからば、君のHedgehog［and Fox］のどこが面白

　　　いか。

　　　Weberならば"職業としての学問"である。

　　　傑作はKarl Marxである。

　　　英国を知的に征服した人

20cがない。

――丸山タカシ［健志］君

　　○先生、幼少時利発で、目をかけていた。

　　○法政をやめたあと、タカシ氏が来て、英語の読書会
　　　などした。［スティーブンソン『宝島』を読んだとい
　　　う］発音を<u>テープ</u>に入れたりした。

　　　生理的に違う。

　　　"うなぎ"弁当のserviceにも有難う、でも何も云わ
　　　ぬ。

　　　flower language　挨拶語、化粧が一向ない。

　　○文章――三沢［勝衛著作集］広告文

　　　　　　　　いいが、しかしこれでは広告文にならぬ。

　　　　　――音楽批評

　　　　　　　　断定の並列で、そのしかる所以の説明なし。

　　　　　　　　dynamicな展開なくstatic

　　○未来社、松本［昌次］氏に、<u>みすず</u>にいる云々と云
　　　われた。

　　○服装への無関心。メガネ。

　　○竹内好葬ギのとき、酒を一杯飲んで、……それぞれ
　　　をなぎ倒し、丸山さんのことで、Vater Komplexと
　　　言ったので、

　　　"ショッテルナ"と罵倒した、それでみても分る通
　　　り、<u>父と子</u>の問題が、深く心の底にあるのが分る。

　　○先生も"学士院会員"だけにはならなければよかっ
　　　た。

――Benjamin

　　　　二十世紀最大の論理家か。

　　　　二十世紀の論理の発見者

　　　　ドイツ語はむつかしい

　　　　Aura――後光か、オーロラとも語源的に同じか

　　　　　　　（Kunstwerk［『複製技術時代の芸術作品』］）

7. 1（日）　1．掛川

昨日先生に会った。席、途中で立つ。<u>4時</u>

廊下に呼び出し、

健志についてはよろしく、伝えてくれ。

細かなことについては、＿＿＿2人できく。

心配している。

7. 6（金）　丸山［健志］「音楽論」を読んでの感想

あるところは　音楽ファンの告白

　　　　〃　　　　批評家的

はっきりした立場、意図は不鮮明、不安定だ、

史的に間違っている点あり。

岩崎［?］とも話した。専門家よりファンが詳しい

ことあり。

苦しんでいる、自己の問題として抱えているのと違う。

dilettantishe

＋があっても、

部分的に抽出できて

一貫性なし

8. 28（火）　丸山先生　5時より松好

健志氏　mind en ordre のこと

笠原［嘉］氏（名古屋）との prendre contact avec のこと

8. 30（木）　掛川氏

―丸山健志、reportは期限前に出した。

―兄アキラ［彰］氏曰く、健志来訪

○昨年10月、法政でのもめごとのはじめか?

よる11時から、あさ5時まで、ひっきりなしに喋

った。

○母から話をきいた。なぜ心配するか――叔父さんと

の比較で気持を傷めていた。

○幼児の頃から、人見知りする。

1961　父母渡米で、
中学高校　明星で地区をはなれたこと｝が重なっ
の時期にかわった　　　　　　　　　た時期
この時期までは友人があった
友人とはなれ、兄が相手となった（3つ年上）
話をきく習癖がついた
○5月連休に訪ねたが、健志は寝ていた。或いは寝た
　ふりをしていたか、そのまま帰った。
○兄としては、肉親の関係の馴れで分らぬが、病気と
　は違うのではないか。気質はそうだが、とりわけ
　人に対し変なことはない。基本的変化はないと思
　う。
○父母渡米のとき、留守番（手伝い）の女の人がやか
　ましく云ったので、人嫌いになった。"氷結"状
　態である。
9.　7（金）　1．加藤［敬事］　　　藤田省三氏
　　　—数日前喀血、喋るのが苦痛。
　　　　酒　タバコ　コーヒー禁じている。2年前の喀血はひ
　　　　どかった。
　　　　今日はビール2本のんだとき、痰が出ておかしい——
　　　　痰に血が交りはじめた——喀血
　　　　通院、健保（薬）、5000円持参
　　　　　11月に印税を支払うこと
　　　　創樹社、関根悦郎"吉田松陰"解説（復刊）
　　　　はじめ、藤田・植手対談、ものにならず。
　　　　植手（何がよいかわからぬ）
　　　　岩波で蘇峰「吉田松陰」解題（植手解説）
12.　3（月）　1．松沢弘陽氏
　　　—丸山先生、闇斎やっている。
　　　　本ができるほど豊富だが、まとまらぬ。
12.　8（土）　8日3時—11時　　藤田氏

|1979|

①－法政退職後10年、学校へ戻るか、今のままをつづ
　けるか
　　　——30年代のすぐれた世代を見棄てることに
　　　——学校（法政）はとってくれると思えるか
②－丸山先生との復交について、どうやったらよいか。
　——直接に話した方がよい
　——掛川さんと一緒に、ヨリを
③－掛川さんと話したい
　　——"decline & fall" をテーマとして、松陰論ほかを
　　　編みたい。
　　——岩波には形式として、話した、しかしやる気はな
　　　い
　　——平凡社の大沢［正道］、龍澤［武］氏のために?
　　　（義理として）
　　——みすず　　監修としてF. O. 共同でやることの要
　　　望
　　　　　これについてはつぎにゆずる。
　　　　　50％まで原則的には同意す。

1980

［丸山66歳、藤田53歳］

1. 8（火）　1．掛川氏

　　　　　　　―学校入試困難となる、機動隊？　上京できず
　　　　　　　　中旬以降
　　　　　　　―藤田氏より手紙、先日と同趣旨

1. 28　　　　丸山健志君

　　　　　　1．笠原〔嘉〕先生が時間をとって下さった
　　　　　　　今週、土曜の午後にゆく。いいかしら。
　　　　　　　―何しろ、それは突然で。
　　　　　　　　何も自分は病人ではないのだから。
　　　　　　　―病人ときめたわけではなく、全体について、
　　　　　　　　向うの質問に答えて、気らくに話せばよいわけ
　　　　　　　　だから。
　　　　　　　―それならばゆきましょう、会社へ出てから一
　　　　　　　　緒にゆく。

1. 30（水）　丸山先生　　11時

　　　　　　　―山崎闇斎キライなり
　　　　　　　　力試めしになった
　　　　　　　　意地
　　　　　　　　枚数、トッパ。
　　　　　　　―笠原先生、出て御挨拶したい云々

2. 2（土）　1．笠原さん、名古屋、丸山君同伴
　　　　　　　P.M.1.40―3.00まで"笠原―丸山"2人で話す
　　　　　　　3.30頃　　地下、中華食堂にて、チャーシューメン
　　　　　　　を2人で食べる。
　　　　　　　M、M.　　1）謝意を表し、
　　　　　　　　　　　　2）話し易かったので、大分話した。
　　　　　　　　　　　　　全然分らぬとか、そういうことを

云わないので。

何か、そういうことを云われる
と、全然云う気がなくなる。

——————

食後——駅の方へ歩く。

M－ここで泊まってゆきたい。

O－どこへ？　刈谷の親戚？

M－これから探す、状況をかえると気持がよいので。

O－しかし、今日は帰ろうよ、今日はまずいわ。

M－ではそうしましょう。

——————

4.8　ナゴヤ発ひかり

車中にてういろうを買う、3本あり

O－1本もっていったら。

M－いや、だめですよ。家へ行ったら、名古屋へ行
　　ったことがバレてしまう。

O－話したらいいじゃないの。

M－いや絶対秘密なんだから。
　　家の親は、黙って精神科の医師にかかったなどと
　　いうことが分れば大変なんだから。

O－困ったなあ。
　　東京駅着6時、中野6時40分？　分れる。

2. 4（月）　1．丸山［健志］、□の様子、結果について
　　　　　　　　—僕としては家族に云わざるをえない、云いに
　　　　　　　　　くいかも知れぬが。
　　　　　　　　—あなたの方からも、そのつもりでいたら。

　　　　　　　1．Tel.　丸山家

2. 7（木）　1．掛川氏　M、Mのことを報告す。

3. 6　　　　1．藤田

　　　　　　　出血／

　　　　　　　・1月後半とまった

・慢性的

・外には異常なし

3.14（金）　1．萩原延寿

—現代史索引を造ること

—11月から通達している

—New York Review of Books

Vogel と Najita の論争あり

Najita やっつけた

Vogel 怒り Letters に投稿した

"アメリカ2世をなぜ使ったか" と云う。

ナジタは怒った。

批判は60 − 70年初めまでの知識人の繰返しで、70年の前半はそんなことはいわぬ。

日本人の知識人の反論がほしい（ナジタ）曰く、

—読書アンケート*　丸山　藤田のContrastが面白かった。

　［*M: Fritz Stern, Gold and Iron; Robert Donington, Wagner's 'Ring' and its Symbols; Pierre-Jean Remy, Maria Callas

　　F:鈴木了二「マッキントッシュの世界」、横田雄作『夢現論への試み』、ベンヤミン『新しき天使』、鶴見俊輔『太夫才蔵伝』］

—酒は翌日のこる、やめた。よわくなった。

4.7（月）　1．手紙

　　丸山　江戸思想史の "未知の大陸" に光をあて、あれども見えなかった時代の壁画に人物の個性の特質がそれぞれ他者との関連でみごとに描かれた。

　　　　精神的心理的な彫りの深さで、夫々の人物が夫々に魅力があり、少なくとも怒りっぽく、直観的でムキで誠実な姿が、現在のカシコ

ク、す直な構図と対比して、つい現代の世界と重ね合わせて、歴史が人間と同じく、逆説的で、現実を喚びさます

1980

浅見絅斎

佐藤直方

若林強斎

4. 8（火）　1．手紙　丸山先生

4. 18（金）　丸山

1．10:30　葬式へゆく（矢沢惇氏）学生騒動の犠牲者か

1．西荻窪　井の上、では?

1．井の上（6時）──杉並

───────

1．N.Y.　5番街と42 street。

Columbia大近くにはslumあり、危険。

・戦時中、白十字にて岡［義武］さんと話したことあり。"我々の考えることが、我々以外の大多数と違うということはいずれかがおかしいに違いない、先方が狂えるか当方が狂えるか"

・内山秀夫　Sub-ゼミの会

外部から講師を招聘する。

<u>大学院生</u>かと思ったら、学ブ学生。

初め<u>丸山</u>、つづいて<u>藤田</u>

　　　　　|　　　　　　　　|

"古層の問題"　　"天皇制国家の"

"　　　とは継承されるものだ"の想を深くした。

東大の大学院生でも、こうではなかった、昔の大学院そのままが再現されたよう。

パンフ、<u>300</u>ブをつくっている。

受ける一方でなく、positiveに表現する、間違いもあるが、（学者でさえ間違えた）

・藤田、掛川、萩原

わるくなったとき、掛川氏の就職問題について、話したのがはじまり。

同じpatternを繰りかえしたくない。

必死だったし、そういう仕方で会うのはよくないと思った。

6.9　　1．丸山先生

—新しいroutineを心配している［健志氏について］

—女房一本で直接関係をもたない

—具合を見てもらいたし、症例の話をして

Caseを自ら客観的に示して、（法律家のcase studyでなれているが）

6.11（水）　1．丸山先生

こんな状態では何もできぬ——何の因果か——医師は楽観的ではないか——益々悪くなる——あとから思うと、after thinkingでは、家改築のときにひさしを出すことを主張したこと、など一連が思い出される。

夫人——毎日新聞から［健志氏の］投書について、身許確認のtel.あり、訂正監修についても。それを委せた。

—Simmel、戦前 Die Konflikt der modern Kultur,

Grundproblem der Soziologie など読んで感心した。

清水［幾太郎］氏はS［Simmel］が好きだった。再軍備とどう関係するか——

（Moral Wissenscaft について）

Diltheyはバカではないか。

Weberは大塚さんなど教徒がいて、読まれるが、Simmelはもっと読まれてよい。

Zweig——昨日の世界、傑作だ、時代の違いの理解、描き方

Wien-Austria の文化の最盛期

なぜ、ああなったか、不思議だ

Reine Jurisprudenz

Kelsen, Schumpeter, Wittgenstein, Hofmansthal,

Egon Friedel

大正時代　　シンキクサイ時代

辛気くさい（思うに任せず、じれったい）

明治文化というものありといえる（?）として
も、大正はない。

個人でなく非個性（人）的な時代を描く思想史
（Friedelのような）

文化人だけやっても面白い。

昭和 Faschismus への遠い予感。

法政の　　　　　氏、大正の如是閑など研究、minor
な思想家

6.17　　丸山［健志］出社

・毎日［新聞］投書を云う

―すでにみた

・中々いいではないか

―ただ軍備もつことのマイナスの言及が足りぬ

―2月にもあった。

・それを見たい

7. 9（水）　丸山［健志］氏、本日出社

毎日投書で

自信喪失した、一度失敗すると

自発性が減退する

―藤田

今週から休み

みすず

―加藤君

・アーレント、全体主義　買いたい。

223

　　　　　　・エリオット［スペンダー『エリオット伝』］、振替用
　　　　　　紙を入れて

7.13　　　　藤田　　批評の四季報・春

　　　　　　・市村弘正（法政、非常勤講師）
　　　　　　・本堂　明（鎌倉市役所）
　　　　　　・鈴木了二（建築）
　　　　　　　　月曜　2時―　みすず
　　　　　　　　7／21　or　7／28
　　　　　　年4回　3、6、9、12月

　　　［添付メモ］　批評の四季報　書評を通じての知的活動
　　　　　　の紹介
　　　　　　10月末　15〜20枚　前月15日〆切
　　　　　　〇実名
　　　　　　〇季節風

7.21　　　　1．2時→藤田、鈴木（建）、市村、本堂、　　別々

9.19（金）　1．丸山　　ベンザリン200錠（100×2）
　　　　　　Mary Stuartよんだ。Zweigの長短がよく出ている。
　　　　　　国際関係の視角が大きくdropしている。
　　　　　　Elizabethとの対立の扱い方、　　　　　　M.S
　　　　　　　　　　｜　　　　　　　　　　　　　　　　｜
　　　　　　宗教的　　　　　　　　　　　　　ゴリゴリ
　　　　　　これはZweig風、
　　　　　　Calvin派とErasmusの対比、扱い方にも現われ
　　　　　　る。［『エラスムスの勝利と悲劇』］
　　　　　　―訳者に望みたいのは、登場人物の初出には
　　　　　　原語をいれてほしい、読み方で困ることあり。

9.26（金）　1．丸山先生
　　　　　　近代日本ジャーナリズム資料
　　　　　　　　1．福地桜痴
　　　　　　　　1．中江兆民
　　　　　　　　1．池辺三山

1980

１．徳富蘇峰

１．山路愛山

１．三宅雪嶺

１．長谷川如是閑

１．丸山幹治

―――――

久野収

　京大新聞、丸山幹治の文章あり。

　邦男［眞男の弟］氏に云う事

　邦男家に明治末の日記あり。

10.13（月）　10/12　晩　7時30分

丸山先生

―明13日掛川氏がみすずへゆき相談する

―健志具合わるし

10.15（水）　１．藤田省三

　　あの調子

　　　　◎鈴木氏（リョージ［了二］）やれる

　　　　◎近藤［本堂明?］君　手入れしてやれる

　　　　個人的に

Burckhardtの話

　　始源において持った力に戻る

　―歴史の効用

　―minorityを作ること

飯田［泰三］君　　　　80枚

センス はわるくない　　　1

　　　　　　　　　　　　2――一寸イイ

　　　　　　　　　　　　3

　　　　　　　　　明治末期の解体

　　　　　　　　独得＋反語的精神

　　　　　　　　｜ ここにシボッてくれ。

マッチする

10. 18　　　　　　先生

丸山［健志］　昨日　ムサシ療養所に入院

昨日学会とりけした

10. 21　　丸山先生　2時

日本の社会科学の歴史

　　　　　　経済学のみ

・クシダ［櫛田］民蔵（経済学）

・河上　肇　　　　（　〃　）

・大山郁夫　（政治学）

・吉野作造　（　〃　）　　評価アンバランス

　　　　　　蠟山［政道］　一冊のみ

社会学　もない

法律学

法　学　はない

　　　私法（フランス民法からドイツ民法へ）

　　　民法学の変遷

　　　　　鳩山和夫───我妻［栄］

　　　　　　概念法学

　　　　　　末広［巌太郎］（法社会学）─川島［武宜］

　　　　　　　　　　　　　　　　　　　｜

　　　　　　（我妻批判を書いてない）

日本の学問のひよわさ。

蓄積の浅さ。　　　　　　　　　学問史の必要性

文明開化の特質。

────────

Weberの政治社会学がneglectされている。

政治学者は誰もよまねばならぬ。（権力の正統性）

Weber学者がいなくなった。

　　　（生誕100年）

────────

政治学は日本では
カキネをつくることに、raison-d'être ⎫
Weberはとっぱらふことだった。 ⎭ paradox
行政学（蠟山）では
　　Betrieb（行政）国家・会社の経営の分析

————

Marxとの対比
　　Marxにpoliticsはない。

————

京極［純一］　Weberをよくよんでいる。
　　　　　　　Nüchternで誤解される。
　　　　　　　高畑［高畠通敏］、マスミ［升味準之輔］、
　　　　　　　石田［雄］
　　　Politicsの建設者
小川晃一氏手になっている
"政治の世界"［郵政省人事部企画の「教養の書」シリーズ
19として、御茶の水書房から1952年に刊行］
　　政治学者は認識政治学
小松茂夫氏入手
　　　久野収に渡す

————

　　海賊版

————

京極批判　　　前半　政治学
　　　　　　　後半　国家学

————

Weberをよんでいる。
政治過程論の完成は京極氏
　　　　　｜

　　行動科学
　　　　　｜

Computer

　　にゆく

○中途半端なので出す気はせぬ。［『政治の世界』は、第2
　版が1956年に刊行されて以来、『丸山眞男集』第5巻、
　2003年に収録されるまで絶版］

　―――――

三谷太一郎（岡［義武］さんのあと）

　　C-P-C／I-C-P'［C＝商品資本、P＝生産資本、I？］

　　Marxの単式をSchumpeterが云っている

　　　　　貨幣の自己目的化と同質のものとして。

　―――――

戦後

1、政治過程論が途中から国家論になっている。

　　戦前では単元論？――Marx　　　実践的キソがない

　　社会集団の独自性。

　　（HarvardはUSAよりbig）

　　政治学の中途半端性

2、権力が中心概念でなくsymbol論になった。

　　関係する組織科学。　　みすず（第2版）

　　　象徴論　　権力論

　　第3世界／American Democracy／で

　　改めてpowerが生きた。

　　権力論の再コーチク。

　　国家論←→政治哲学の再建

　　USA　Vietnam以後、終戦

　　ⓐ自由　政治原理の追求

　　ⓑ権力論の再興

　―――――

ノジマ［能島豊］　お茶の水

　―――――

京極―神島［二郎］示唆

　　（処女論文）

————

夜　日本橋　はつ花で、丸山、柳父［圀近］氏

• Furtwaengler 夫人の思い出はそれほど面白くなし

• ———————とアメリカ（F協会刊行物にあり）

　　　　　　（Toscanini や　　　　　などユダヤ系反対）

• ———————は Beethoven と Wagner と ambivalent

　　　　　　　　（エロイカ）　（トリスタンとイゾルデ）

　　　　　　Brahms は一番得手か。Bruckner

• 無教会の系譜

　　　内村［鑑三］と小野塚［喜平次］

　　　　　o.（Q）キリスト教とお稲荷さんとどこが違う

　　　　　　　かと

　　　　　u.（A）なし

　　　　南原［繁］（とりまきなし）

　　　　矢内原［忠雄］（とりまき）

• 文化人類学と社会人類学、全然ちがう

　　C.A.［Cultural Anthoropology］はつまらぬ学問だ——

　　Princeton の実感

• ————の会の読書人の estimation

　　　　　丸谷才一　　　評価分れる

　　　　　山口昌男　　＼

　　　　　　　　　　　　＞　ダメ　　世界、思想にのる

　　　　　中村雄二郎／

　　　　岩波の都築［令子］さん、コテンパ

• 岩波、浅見［以久子］さん停年、図書に"海賊版"を

　書く。［「海賊版漫筆」1983.8?］　　　本とレコード

11. 7（金）　1. Tel.　藤田省三

　　　　　　　　　　入試

　　　　　　　難航　challenge して

　　　　　　　Ernst Broch:　　　　　Suhrkamp

229

Wider〔Stand und Friede〕

〇〔Erbschaft〕dieser Zeit

New Statesman

あす、連絡する

11. 18（火）　1．藤田省三

少しは書いている、が、未だできていない。

大学院入試

12. 10（水）　1．Tel. 藤田

12/18 － 24　名古屋集中講義

帰ってからやる

12. 26（金）　1．藤田省三氏　　ナゴヤ　つかれた

福本〔書院〕　Adorno, Über Benjamin

12. 29　　　　1．丸山先生

29日　4時　学士会館

フランス料理店　マキシム　6時

丸山

資料による近代日本ジャーナリズム史

1）世論の誕生＊（幕末維新からM.10年代まで）

2）近代日本形成期（20年代）

3）明治体制の爛熟（と分解）（30―40年代）

4）大正デモクラシー　　（大正―昭和初め）

＊自由民権、秩父騒動、M14年の政

変について世論がどうだったか。

事件だけでは面白くないものが出る

事件（問題中心の）と

人との組み合せ

事項索引をつける

－幕末新聞全集

くみ合せ方―　日本人と政教社

―Sub-titleがうまくつけられるとよい

吉野　アカデミスムからジャーナリズムへ

大阪朝日から我等へ

大衆社会の予言者

―千葉亀雄　大衆文学の語をつくった

―編集経営者についてのまとめ方（池辺三山）

藤田

往生記　富士正晴　創芸社

（司馬遼太郎解説よし）

－ L. C. Knights（Cambridge）

－Some Shakespearean Themes and An Approach to Hamlet

Chatto & Windus 1959,1960（Pelican, 1970）

－ Age of Shakespeare

（Pelican Guide to English Literature）

－ Drama and Society in the Age of Jonson

－ Explorations: Essays in Criticism, 1946

－ Poetry, Politics and the English Tradition,

Shakespeare's Politics（1957）

－ Metaphor and Symbol（'61）

－ Further Explorations（'65）

－ Leavis, Persuit

批評家＝complete Reader

Auden－萩原氏からの pamphlet

1981

［丸山67歳、藤田54歳］

1.10（土）　1．藤田省三　正月来客多く、未だできぬ。
　　　　　　　　　　　　　　来週に連絡する。

1.26（月）　1．丸山先生　　4時──
　　　　　　　　─健志氏、今日戻った。
　　　　　　　　金曜日帰ったら、元気に話し、食事も一緒、数年
　　　　　　　　来の初めてのこと、音楽の話はずむ。
　　　　　　　　あとで、夫人から、脱走をきく、吃驚した。
　　　　　　　　先生には"外出にてsocializationの成績がよいか
　　　　　　　　ら、外泊を許す"ということにして、なしくずし
　　　　　　　　にならぬようたのんだ。
　　　　　　　　─Furtwaengler, Aufzeichnungen 1924-54について。
　　　　　　　　思想は20年代に形成

1.30　　　　　1．Tel.　藤田
　　　　　　　　昨日一通りできた、直し（7−8枚）［「新品文化──
　　　　　　　　ピカピカの所与」］
　　　　　　　　夕方tel.する
　　　　　　　　31日朝　加藤

1.31（土）　［メモ添付］
　　　　　　　　藤田先生よりtel.　1/31　2時
　　　　　　　　　ゲラ　みなくてもいいといったが、おしまいのところ
　　　　　　　　1-2枚、1度しかみていないので、"てにをは"が不安
　　　　　　　　定である。
　　　　　　　　ゲラが出たら知らせて下さい。見に行きますので。
　　　　　　　　その頃学校へも行くので。

5.6（火）　1．藤田氏
　　　　　　　　平石［直昭］氏論文［『荻生徂徠年譜考』］、法学志林
　　　　　　　　のためにまわってきた。

飯田泰三氏にやれば、掲載できる。

　　　人の攻撃をぬき、きれいになれば、みすずに分載で

　　　きる。

　　　Obiからは云えず、F氏からならば云える。

　　　読んでみる云々。

　　丸山夫人

　　　　1、先生、中野入院、細菌のため高熱、

　　　　　点滴で平熱になった。

　　　　1、「著作」についてはざっと見た丈け。

　　　　　経歴？　名誉博士など？

　　　　　再録の分、煩わし。

5.15（金）　1．丸山先生

　　　　　5/18日〜6月上旬　中国旅行

　　　　　20〜24日　北海道へ

5.19（火）　1．藤田省三氏

　　　　　平石氏　傑作

　　　　　・デンワで話した。

　　　　　・飯田氏

　　　　　・ああいう風に

　　　　　　批判部分とり消せぬ。

　　　　　・法政も満員。

5.25（月）　1．丸山夫人　昨晩　チトセから帰った

　　　　　健志氏　旅行したい　2−3日、あと

　　　　　松沢氏に大変おせわになった由、

　　　　　先生は中国から　31日にかえる。

5.26（火）　1．藤田　吉野［源三郎、23日死去］さんについて

　　　　　6/8まで不能の由

　　　　　そのあとで書く。

6.5（金）　1．掛川氏　丸山君

　　　　　先生、中国旅行　5/　−5／30　旅行中病気入院の

　　　　　由

団長　桑原武夫／安藤彦太郎、松田道雄　8人
鄧小平会見？

7. 18（土）　1．丸山鉄雄［眞男兄］　本にしたい、［『歌は世につれ』］
OK

9. 28　みすず　藤田　11月末

10. 12（月）　丸山夫人　昼から
薬、切れた。先生、金曜日に夜来てくれ。
9日　［健志氏の］投書がのった（毎日）

10. 17（土）　1．藤田省三
―平凡社論文集［『精神史的考察』］
経験の問題についての総論
Adorno疎外論
新品文化――あとでみすずのと、　　　入れる
補足してやることとす
―みすず次回　武藤［武美］氏
ある批評精神の形姿
―― 正宗白鳥論 ――
武藤　Keio仏文－法政国文大学院
文学に諏訪社のことを書いた。10年前
高校教師、22日来社

10. 22（木）　1．藤田氏

1982

［丸山68歳、藤田55歳］

1.16　　　　1．藤田　Keaton　Film ムリ。

1.20（水）　1．藤田省三　　Uses of Disorder［『無秩序の効用』］

By　Richard Senett　'70, '73 Penguin

飯田泰三、岡村忠夫らと共訳

1章毎にみすず

たとえば　　無秩序の構造

'71　Allen Lane 　　パースナリティ アイデンティ

ティと都市

タトル、中野氏に©シラベたのむ

無秩序への姿勢──経験カクトク

1.26（水）　1．藤田省三氏

Senett, Uses of Disorder

Tuttle 柴田氏

Debora Rogers に問合せ中

──大西祝　　　アカデミックな感じ

時事評論はよいかも

3.9（火）　藤田省三

4月12日発売

たっぷり手を入れた

初校が原稿と同じよう

"精神史的考察"

Senett

4.14（水）　H. Arendt, Elisabeth Young-Bruehl, Yale

"banality of evil"（組織と管理の時代の　"悪"）

not for "heat" but for light

4.17（土）　藤田

　　　　―Sontag　暗い日々　送る　　　加藤

　　　　―小さな原稿できた。［「松に聞け」］来週。

　　　　　　　信濃教育会 “理科の教室”（第15号）かなり前。

　　　　　　　　S.38（1963）ノリクラ岳自動車開発

　　　　　　　ハイマツ、ギセイ。　調査した。

　　　　　　　信濃［しなの］植物考（丸山）の紹介

　　　　　　　名取洋［陽］、松田行雄　二人の調査

　　　　　国会でしらべ連絡する

　　　　　―坂本天山（高遠藩）

　　　　　“駒岳一覧記” ―― 植物生態学

5. 24（月）　展望（65.5）幕末における視座の変革（佐久間象山の場合）

　　　　　　　　　　　　　　（丸山）より

　　　　　100年前に生きた思想家を、今日の時点で学ぶ方法

6. 23（水）　1．Tel.　藤田氏　　法政　中村哲

　　　　　　　　　　　古代君主制

6. 24（木）　―丸山先生　ソライ　ケン［鈐］録は頼める

　　　　　　　　　　　（大分出ないから）

7. 9（金）　1．中村哲

　　　　　　全体の訂正中。

　　　　　　現在のものより

　　　　　“法学志林” 連載

　　　　　　オキナワ

　　　　　日本、中国、回教、ペルシャ

　　　　　南原先生、ドイツ保守思想

　　　　　Secret と君主制、まとめてみよう

　　　　　十数篇の論文

　　　　　（東方）君主制の宗教起原

　　　　　政治学と民俗学 を生かしてみよう。

　　　　　君主制の研究は「イギリス」か「日本」

7. 10（土）　［メモ添付］藤田

　　　　　　学校で多忙、あすで終り、

　　　　　　　　"思想の科学"ゲンコーできぬ

　　　　　　　　<u>戦後のつづき</u>

　　　　　　　　　　|

　　　　　　　　"徐兄弟の獄中からの手紙"

　　　　　　　　みすず　そのあと

　　　　　　　　小林ショウイチロー［祥一郎］に見せた

　　　　　　　　ディドロは怒らなかった、は違う、云々の由

9. 7（火）　1．丸山夫人

　　　　　　　　―先生、昨晩帰った。9/21北大へ、それまで在宅。

　　　　　　　　―健志、四国九州旅行、今週中ルス。(?)

　　　　　　　　（夫人、大阪まで）

9. 8（水）　1．藤田　12:30

　　　　　　1、みすず原稿　類例的なことは書けぬ、原則的なも

　　　　　　　の

　　　　　　　しかし、これは同じもので、新しいものではない

　　　　　　　考える。10月初め（?）

　　　　　　1、読んだもの、Benjamin新刊紹介。

　　　　　　　<u>余白に書く</u>［瀧口修造］（稀な出来る人の一人）

　　　　　　1、矢野暢ずるい（Geerz, Nugara をよんだ。

　　　　　　　すばらしい。矢野の書き方のいやらしいこと）

　　　　　　　伊藤尚雄資料、おくる。

9. 9（木）　1．藤田氏　資料

9.30（木）　1．掛川　夕方

　　　　　　　　丸山　S.41 コーギ　東洋政治思想史1

　　　　　　　　　　　　キリシタンの活動と思想

11. 6（土）　中村　哲氏

　　　　　　　　―藤田氏、松山高校ドイツ語教師……が紹介、

　　　　　　　　政治学を、丸山先生の本をよんで。

　　　　　　　（<u>丸</u>）数年前、藤田君をとろうと思ったが、藤田君

　　　　　　　　　より成績のよいのが現われた。とってくれぬ

　　　　　　　　　か。

（中村）先年、松下君をとったばかり、？　で、
大内［兵衛］氏に相談したところ、それではとろ
う、と云うことになった。
　―藤田君の思想を一口に云えば、どういうことに
　なるのかね？
11. 8（月）　1. 掛川
　　　　　　―丸山、後衛の位置　title
　　　　　　Seidenstecker訳　infallible joke

1983

[丸山69歳、藤田56歳]

1. 6（木）　1．丸山先生

　　　　　　　　　　—人は獣に及ばずに直すこと

2.24（木）　—藤田　tel. あり

　　　　　　　11月から湿疹　年内

　　　　　　　政治学科主任　入試終った

　　　　　　　Man Ray 買う

2.26（土）　1．藤田省三氏 ⎞
　　　　　　　　　　　　　　⎟ 来社
　　　　　　　1．法政　　氏 ⎠

2.28（月）　安東仁兵衛

　　　　　　　—15日丸山先生　Berkeley（3ヵ月）→Europe

　　　　　　　—田英夫出馬問題

　　　　　　　田氏都知事選一旦ひきうけた。

　　　　　　　やれば宮沢［喜一?］まで連動、断わった、

　　　　　　"田は素人で、政治的人間の決断がなかった"（1月—

　　　　　　2.18まで多忙）（丸山）

3. 3（木）　1．丸山先生

　　　　　　　　　　15日出発

　　　　　　　　　　ベンザリン　100×3

　　　　　　　　　　　—3.15−6.15　Berkeley

　　　　　　　　　まできめる

　　　　　　　　　Chicago→東海岸紀行

　　　　　　　　　8／6−1週間　Bayreuth

　　　　　　　　　8月下旬　Spain, Portugal

　　　　　　　　　　　（観念）

　　　　　　　　　浄土教成立史の研究／山川［出版社］　井上光貞

　　　　　　小林秀雄氏

　　　　　　—創元社のおぜん立てで、一度会ったことあり。

239

おくれてきて、和服で、室外で、へーつくばって、制圧する仕方にまいった。

—"本居宣長"について。

宣長と小林との合一のスガタのみ。

問題点　1、古代の心と中世の心との（　　）（みやび）

くいちがい。"源氏物語玉の小櫛"真淵には統一あり。

中世の"もののあわれ"と古代の"　"とには分裂あり。宣長の問題点。

2、古事記伝と"馭戎慨言"との間の

（日本外交史）
（　〃　排外史）

最高の学問的傑作と、極度のイデオロギーとの矛盾、

こうした2点についての解明はなし。

書評について、吉川さんにたのまれ（小林さんには、巻紙に筆で依頼された）たが、果し状だと笑って話したことだが。——実現せず。

—Mozart論。モチーフの完全性をいう。

Beethoven についていうなら、とにかく。

時代的制約? OperaにふれていないMozart論。

—音楽の文字化。

—徂徠の書簡

稲生若水あて

書がよい、男らしく、また、細かく気配りあり。

—井上光貞氏の訃。古代で思想のわかる稀有の人、人間的関係の広さ。（右と左と）

—瓜生忠夫の訃（未来の会）

昨年11月、フジTVで 出会い で、丸山さんと

のことを云っている。（東大新聞）

4. 9（土）　1．丸山先生より手紙

5. 4（水）　1．丸山先生手紙

5.29（日）　―丸山さん手紙

6. 2（木）　1．丸山先生手紙

6.21（火）　1．丸山眞男先生

California, Berkeley より帰国

7.25（月）　丸山先生

萩原、交換委員、9月、シンポ。

20cとは何ぞや［国際交流基金主催シンポジウム「20
世紀とは何であったか」］

―［James］Joll 来日

―［Benjamin］Schwartz

―萩原

―藤田（?）おりた

―丸山（出席）

9. 5（月）　1．藤田省三氏

毎日グラフ　西井［一夫］（フザケ文体うまい）

写真論（冬樹社）

傾向　　　ソシャクうまし

絶望せる epiculian

────────

Sennett, Uses of Disorder　　改訳

Specifically　　特定の

Especially　　特に

9. 9（金）　1．萩原延寿

―栗山［雅子、みすず書房編集］を丸山さんの private
secretary、または護衛とする

―丸山さん、風邪で声がかすれている

9.10（土）　丸山

かなり無理したが、Jollをめぐる懇談会あり。昨夜

241

9.16（金）―栗山　　午後出、軽井沢セミナー［国際交流基金主催
　　　　　　　　　シンポ］

面白かった、十分に理解できぬ。

Europe の Academic climate は分かった。

多くの人と個人的に話した。

昨日午前中までかかった。

今夜　国際文化会館で

　　Joll の総括と Kolakouski の講演あり

丸山　預り

萩原（サマリー）Summary

　　　　　　　　　7つ

入江［昭］　　　―20c の出発点は

ウィンザー　　　（1814、1915）

　　　　　　　　2）Utopia と――ism

　　　　　　　　3）意思と intentionality の成立性

　　　　　　　　4）Modernization と Imperiarism

　　　　　　　　5）language & tragedies

　　　　　　　　6）20c における戦争の性格

　　　　　　　　7）20c を一つの century として specific

　　　　　　　　　等

　　　　　　　　ありしや

5日間を通じ Marx と Weber と ??? について
refer しなかった人は2人しかいない。

―――――

印象　　　話が収斂しない。

Hershe（哲学、Geneve 大教授、女性）

Kolakouski 英語よし

―――――

萩原

梅棹［忠夫］　　　東洋へ

　話しは Europe 的

アメリカは別

──最後に

Maruyama　第一日、萩原氏、9条の世界史的イギ。

議論なし。

国家が世界構成員の単位として、弱くなってゆくとすれ

ば、9条に新しいイミ付ケができるのではないか?

　"Modernization & Japan"

京極［純一］のpaper、議論が出た。

　　日本のcultureがmonolithicで

　　日本民族のhomogenityが問題になったとき

梅棹、日本民族雑種、と反論

Schwartz

　　　──夫人、きいている

山田慶児　　足を挫いた、

　　　通訳　コニッキー（日本文化）

Mayer（Harvard）

9.29　　（木）柳父、丸山先生の話

　　　─Bellahが社会科学者でなくなった

　　　1．丸山夫人　　健志　山陰九州──一週間の旅

9.30（金）　［丸山鉄雄『歌は世につれ』（みすず書房）出版記念会］

　　　丸山眞男挨拶

　　　私は弟の眞男であります……謝辞

　　　実は兄貴にくみしかれ、喧嘩した兄弟です。

　　　学校と親から教えられなかった総てをこの兄貴から学んだ。

　　　それを大変感謝している。私も即席の川柳を。

　　　"丸鉄も時の流れに柔かく"

　　　（頑）　　　　　　　　マ

10. 7（金）　1．丸山先生

　　　　　─軽井沢Sympo資料類

　　　　　─Wagner公演についての原稿（Bayreuth）

　　　　　─活字メディア資料（命名と構成）

12. 9（金）　1．丸山

　　　　　　［『明治大正言論資料』について］

　　　　　　―丸山侃堂→志賀重昂へかえる

　　　　　　―如是閑の "批判" の時代を入れる

　　　　　　　　（満州事変まで）

　　　　　　　巻頭言　詩経など反対によみかえる

　　　　　　―侃堂の枢密院の記事長いもの

　　　　　　　如是閑が激賞した

　　　　　　―第1回普選は昭和であるし、満州事変までは入れ

　　　　　　　るようにした方がよい。

　　　　　　―楚人冠、コラム "今日の問題" によってcolumを

　　　　　　　知った。

　　　　　　―雪嶺―哲学は兆民だけでなく、雪嶺のものもほ

　　　　　　　しい。哲学涓滴など。

　　　　　　―大庭柯公―大正 democracy

　　　　　　　　　　　しってるがハッキリしない、ので

　　　　　　　　　　　左右未分化、反権力、反官、大陸浪人的

　　　　　　　　　　　でもあり、"我等" ともつらなり、吉野

　　　　　　　　　　　作造よりも国士的である。

　　　　　　　　　　　露探として殺されたのは、レッテルのは

　　　　　　　　　　　っきりせぬ故か

　　　　　　―文化は広すぎる。

　　　　　　　"文化批評" 又は "学芸" にかえた方がよい。

12. 10（土）　藤田省三氏　　　加藤君とも

　　　　　　［『明治大正言論資料』について］

　　　　　　―ラジオの普及――戦争の開始

　　　　　　　新聞の画一性のサンプル――ここでstopとなれば面白

　　　　　　　し。

　　　　　　―日清、就学率90％

　　　　　　―シーメンス

―松島遊廓　　∫大正

―田中［義一?］問題（汚職）――あとはファッショ

　　急tempoの秩序主義、

　　サマツ、委細主義

　　原理感覚の喪失、

　　モノマネの社会成長

―平沼［騏一郎］―検察ファッショ

　　　これに対し馬場［恒吾］が

　　　　　Democracyのcostとして、

　　　少しの汚職。

　　　許容度いかん。

―マンガ　Meiji　ポンチ絵

　　　　　　大正期　"太陽"

―コウモリ傘　　　　　）
　　　貧民窟　　　　　　　　用語のうまさ

―太陽　夢二　大震災批評を文章で書いた。

　　　　　　　これはよい。

　　　　○decadenceと批評性の相即

Brecht－A choice of evils, By Martin Esslin, 1959

（Curtis Brown―Tuttle, S.38, 白鳳社）　山田肇、

木桧禎夫、山内登美雄訳

訳ダメ　Title　ブレヒト――政治的詩人の背理

12.24（土）　1．藤田氏　加藤あて

　　　　　　　　アンケート訂正

1984

［丸山70歳、藤田57歳］

1. 9（月）　掛川

　　　　　　　昨日、大変だった。

　　　　　　（124）　　6.10　　M幾度かtel. あり。

　　　　　　　　　　　　8.20　　丸山家へtel. 夫人出る。

1. 24（火）　—掛川氏tel.

　　　　　　　　丸山家よりtel.

　　　　　　—藤田　マレ［『〈子供〉の発見』］、シャピロ［『モダンア
　　　　　　ート』］注文

1. 25　　　　丸山健志　　　8.20には外で待っていた。

　　　　　　　話しがある、妥協の方法あり

　　　　　　（M）遅刻の人は会社の秩序を問われないのはなぜか。

　　　　　　（A［小尾］）それは性質がちがう、答えない。

　　　　　　（M）困ると返答しないではないか、人格を疑う。

　　　　　　（A）それなら人格低劣である。

　　　　　　（M）そんな低劣な所では働かぬ。やめます。

　　　　　　荷物を運び出す、和田［篤志、みすず書房総務部長］で
　　　　　　給与をとり、車を呼び帰宅（9時頃、栗山氏、車を呼び）

1. 26（木）　丸山夫人

　　　　　　26日ヨル9時すぎのこと

　　　　　　　—無事健志が家に戻ったことの報告あり

1. 28（土）　—丸山夫人からtel.

　　　　　　［添付メモ］

　　　　　　28日ヨル、丸山先生より

　　　　　　健志　板橋病院に入院

　 31（火）　［添付メモ］

　　　　　　丸山様より　1:30

　　　　　　　おでんわいただきました。

　　　　　ご都合うかがって

　　　　　こちらにお出掛け

　　　　　下さるとのこと

　　　　またお電話くださるそうです

2. 2（木）—丸山先生　tel.

　　　　　　　　2/7（火）社内　挨拶の為　来社

2. 7（火）—丸山先生　2時〜2.30

　　　　　　　健志氏の件、挨拶

2. 8（水）—丸山先生　社内配布の寸志　　小川軒

　　　　　　　　　おしるし

3.16（金）—藤田氏　　本代しらべておく。

　　　　Elie Wiesel　　ロマン・ビュッシャー［Roman Vishniac］

　　　　　　　　　　カルパチア山脈のE.W.［Elïe Wiesel］

　　　　　　　　鈴木リョージ［了二］

　　　　　　　　N.Y.で買って帰った。

　　　　　　"Camera 毎日"

　　　　　E. Wiesel　小説

3.21　　　1. 12時　掛川

　　　　　丸山君—5度薬かえ、良好、母、喜ぶ。

　　　　　—ObiにKとも会いたし

　　　　　　復社不能、相談会では会う

　　　　　—父と秋葉原同行。

4.12（木）　1. 朝、丸山健志氏来社（8.25くるとすぐ階段を上る音
　　　　　　　　す）

　　　　　　—今回の件、半年でも一年でもpenaltyとして

　　　　　そのあとで復社を認めよ。

　　　　　当方、—問題は、病気をなおすことと、音楽なり

　　　　　　　　評論なりで一人前の仕事をするために、

　　　　　　　　どうすべきか、と云うことである。

　　　　　　　　そのために、僕個人としては協力する。

　　　　　　　　しかし、申し出の件については返事でき

　　　　　　　　ぬ。話をきいた、ということだけにする。

　　　　　　　約10〜15分在社、自転車をもって帰る。お茶の水

　　　　　　　におく由。

4. 15　　　　15日ヨル　丸山先生より

　　　　　　　健志君、自宅で首を吊った。隣の人が発見、だめだ

　　　　　　　った。

　　　　　　　16日2時　出棺。

　　　　　　　［4.16添付メモ］

　　　　　　　　小尾様

　　　　　　　　丸山眞男様より

　　　　　　　　お電話がありました。

　　　　　　　（おいそぎのご様子でした。）

4. 24（火）　―藤田氏 tel. あり。

　　　　　　　丸山家に何かありしや?

　　　　　　　（数日前、藤田氏より tel. ありしも何も、触れざりし）

　　　　　　　一件を伝う

4. 26（木）　ヨル11:30　丸山先生より

5. 1（火）　掛川

　　　　　　　―健志への父の評価、"すぐれた感覚あり、それを砕い

　　　　　　　た"

5. 2（水）　―丸山、安芸［基雄］、平和［『平和を作る人たち』］を送

　　　　　　　る

5. 9（水）　　6時→

　　　　　　　―丸山先生　むなかた　吉祥寺東急イン内

　　　　　　　"健志君追悼の一席"［この日は健志氏誕生日］

　　　　　　　丸山先生　ここにいる兄弟3人はみな違っている

　　　　　　　　が、同じことは一つある。それは、みな、現場主

　　　　　　　　義だ、ということ。

248

7. 1（日） 松沢氏

健志氏の件での打撃大、先生も論文は書けぬ。

（校正などキカイ的なことはよいが）

30日の女子大での福沢と新渡戸セミナー。先生は竹山道雄葬儀で、あとで見えた。どうも、初め先生依頼のものが、廻された感あり。

当方へ相当に否定的。

7. 13（金） ―藤田　Steiner, Language & Silence

　　　　　来週 tel. します。

7. 16（月） ―藤田省三

　　Language & Silence 送る

　―丸山先生　6.05　tel.

　―納骨は9月

　―序論の件

12. 28（金） 仕事おさめ。

佐々木［斐夫］家、音楽の集い

　丸山さん、音楽雑談

　　ハーモニカ、数字の楽譜から。

　　Bachは大学を出てから。

　　Glenn Gould, Bach Goldberg Variations　すごい。

　　CD――一般的に、針の音、雑音をとるから、全体がよわくなる。

　　<u>LPはなくなる方向で、CDと'カセットテープ'に両極分解か？</u>

1985

［丸山71歳、藤田58歳］

1. 14（月）　―藤田省三氏より tel.

　　　　　　―［チーズと］うじ虫、第三のイミ［意味］、ミクロコス
　　　　　　　モス［瀧口修造］　注文

　　　　　　―大岡氏、折々のうた、はじめ半年はよかった。あと
　　　　　　　ワンパターン、驚きを感じない。
　　　　　　　瀧口氏とちがうといういい方、資質の相違とは
　　　　　　　別の枠組であるということ。

　　　　　　―野田［良之］先生論文みすず［栄誉考］、毎号感服して
　　　　　　　よむ。
　　　　　　　　ヒュブリスのもの、今度のもの
　　　　　　　　　　　　　Wesen　　　　　Unwesen
　　　　　　　Wolffの rechtssein と unrechtssein、弁証法の極致。
　　　　　　　ただし三谷 "人格価値" は "人間の原罪への自覚"
　　　　　　　とした方がよからん。もはや宗教的自覚、むしろ
　　　　　　　自然学的、人間学的、人文学的。
　　　　　　　むかし図書［1973年1月号］で都市政策講座のとき5
　　　　　　　人の都市（Platon）、3人で成立、5人で成立、ソフ
　　　　　　　ィスト的懐疑精神、を書いたことあり。
　　　　　　　昔から尊敬していたが、会ったことなし。
　　　　　　　都市の騒音の＋と－がちがってきた。
　　　　　　　木製品の音は魅力だったが、今は機械音になった。

3. 15（金）　丸山先生

　　　　　　―脇氏、"Aufbau"（N.Y 刊）copy。Carl Schmitt, Furtwängler
　　　　　　　　　　　　　　　　　　　　　　調書

　　　　　　―健志氏一周忌　3/14

　　　　　　―"歴史と社会" で Furtwängler の対談［「フルトヴェン
　　　　　　　グラーをめぐって」1983.3］のあと、小松雄一郎から手

紙であれは承服できない、云々。（小松と塙作楽［岩波書店］との岩波の関係）

公安の小松批判書、ぜひ見たき由。

—5/18土曜セミナー　福沢の惑溺について lecture

—佐々木、今月末、あれはすごい

—Carl Schmittの弁明。Weimar憲法の解釈学的著作で、無罪という。ナチ政治責任はないという考えを主張する。ドイツや日本しか分らぬ。米英への説得。（日本でも、統制法規の解釈学があった?）

—"へるめす"あんなもの、青土社の二番せんじ、分らぬのはあれへの大江［健三郎］のまじめさ。他は遊び。青土社の三浦雅士が手紙で執筆依頼（ていねいな）、"現代思想"を"過去思想"と改題したら書く、と返事した云々。

構造主義者（日本の）はむこうのそれが、Marxismをよく知っているが、これに反し、何も知らない。

—塙作楽はKP・岩波、吉野源三郎氏を許さなかった。

4. 4（木）—安東仁兵衛

　　　　　1日月曜、丸山先生に会フ、チクマのみ

　　　　　中野追悼文［中野好夫、2月20日死去］書けぬ由

4. 11（木）—中村哲先生　原稿返却　とどける

6. 19（水）［丸山］

Schmitt,（Bendersky）Princeton

————

Schmitt［4月7日死去］のこと

　　　　1934年いらいのつきあい。Der Begriffe des Politischen（Hauserish Verlag, 1934）書きこみ Scharf——、

　　　　戦後版に一言も変えることなく unverandert とあるが、ちがう

　　　　注の省略（Marx, Lucac など）、不誠実だ。

　　　　Haß－Liebe といわれるが、Haß－Respect 関係とも

いうべきか［「敵ながら天晴れ」1985年みすず読書ア
ンケートでの表現］、respectとは考え方の鋭さである。
いろいろ仕事があるが、Schmittのことは書きたい
感じ。

みすず　杉山［光信］氏の京極政治学の批評について
　　全力をふるったものであることはたしか。
　　藤田評（京極のよい所なし、文体わるし）に同感、
　　キリスト者であることなど、京極氏の全体にふれれ
　　ばよかった。

7. 4（木）　相田［良雄、みすず書房営業部長］
　　エディッター・スクールから藤田氏の希望で"維新
　　の精神"を出したい。
　　藤田　イシンの精神
　　　　　　　1,000
　　　　　　　1,800

7. 8（月）　―Tel. 藤田氏へ　3時
　　―加藤　F氏の件

7. 11（木）　12時　丸山Tel.（丸山）最上家側として出てくれ
　　［陸羯南全集完結記念］
　　―椿山荘　和食レストラン　みゆき　［7/26］5時から
　　　植手［通有］、坂井［雄吉］、加藤、小尾
　　　丸山、最上［ともゑ、羯南四女］、陸ますゑ、丸山夫
　　　人の家［小山家は最上家と親戚］、小堀［杏奴］

9. 26（木）　丸山
　　Löwithの Schmitt論について
　　あとが雑、かきたした。決断主義でくっつけている、
　　前との連絡はよくない。
　　初めは前半だけだったか。Löwith, Begriffe u. Positions
　　のときに書いた。Archiv für Max Weber
　　────────

　　今年のアンケート　　Schmittの本　Bendersky

　　　　　　正月に、あれを書こうと思っていた。

10. 3（木）　加藤　藤田氏より tel. コーダンシャ学術文庫より。維新の精神、_____（未来社）を入れたし。未来社はやむをえぬ由。→あのまま重版してよし云々。

　　　　　　来週、藤田氏訪問、Arendt、全体主義、ドイツ語版みたし。

10. 4（金）　1．丸山先生 tel. あり

　　　　　　Der Begrffe des Politischen 2版　unverändert version として、34年 Hauser 版のことにふれないのは不誠実である。書誌学的に明らかにする必要あり。獄中記関係、Spranger, Manheim の質問や、ラジオ放送（from London）Schmitt の"他者を他者として見ない"態度を云ったのは正しい。

　　　　　　正直いって Schmitt は時間なくできぬ。専門に関することだから

　　　　　　Furtwängler のようにはゆかぬ。

　　　　　　Löwith 全集の本文は、60年版と同じ。50年代の論文の引用が35年論文に入っているのはおかしい。前半のくっつけた部分は level がおちる。35年の仏文（独文）Revue international がなければわからぬ。

　　　　　　Heidegger は Selbstbehauptung der deutschen Universität 出たときに読んだ。ナチについて直接的には書いてないが、"この野郎"と思った。そのあと Löwith の"ヨーロッパのニヒリズム"が出て非常に感銘を受けた。とにかく Nazis の党員になったのだ、戦後もその弁明をしていたが、すべてを知った上での Heidegger の評価でなければ、と思う。

10. 5（土）　―掛川さん　Arendt 独文のもの。→持参さる。

10.12（土）　11日ヨル　野田［良之、10月11日死去］先生お通夜のあと

　　　　　　来栖［三郎］、丸山、……諸先生と一緒に帰る。

"南柏"の駅で

M"吉利［和］さんに、肝炎が、慢性肝炎に移行しない
　　という、例外中の例外。と云われた

O"Noda先生いつか云わく"丸山君の身体は西洋医学
　　では解けぬ"云々、

新湯島［?］駅で、来栖先生下車、丸山先生へ

　　"大事な身体（存在）だから、気をつけてくれ"云々
駅でしばらく立ち止まったまま、電車の出るのを見送ら
れていた。

　　　　　　　　　　　　　丸山眞男［1996.8.15死去］
　　　　　　　　　　　　　藤田省三［2003.5.28死去］
　　　　　　　　　　　　　小尾俊人［2011.8.15死去］

解説対談

『小尾俊人日誌』
の時代

市村弘正
加藤敬事

1 ― 丸山学派の意味

加藤　『小尾俊人日誌』（以下、『日誌』）は1965年に始まります。偶
　　　然かもしれませんが、それはたしかに節目の年でもあると思う
　　　のです。個人的には私がみすず書房に入社した年ですし、市村
　　　さんが大学に入学してすぐの年です。市村さんと私とのこの五
　　　年の歳の差は大きいでしょう。
市村　ええ。東京オリンピックを挟んで、1960年代の前半と後半と
　　　では決定的に違ってきます。この時期に人々の生活の仕方、衣
　　　食住のあり方が大きく変わりました。生活全般にわたる質的転
　　　換を引き起こしたのが、いわゆる高度成長です。僕は中学校の
　　　後半から大学の終わりまですっぽり60年代に収まってしま
　　　う、60年代の子供なんです。高度成長は何をもたらすものな
　　　のか、どれほどの破壊力を含んだものなのか、分かっていなか
　　　った。歳の差は五年ですが、加藤さんは大変なことが起きつつ
　　　あると感じる瞬間はありましたか。それともやはり分からなか
　　　ったですか。
加藤　まったく分かりませんでした。学生時代のアルバイトで多少変
　　　化の兆しを感じた程度です。たまたま選んだアルバイト先が通
　　　産省の外郭で、そこはある意味で高度成長、列島改造を担うセ

255

ンターでした。末端のアルバイトとしてですが、政府の高度成
長政策を進める側にいたわけです。そこでは、学生運動のリー
ダーだった青木昌彦や西部邁と一緒でした。

市村　日常生活の中では分からなかったですか。

加藤　分かりませんでした。

市村　ほとんどの人がそうなのです。だからこそ、藤田さんの「「高
度成長」反対」は鮮烈だった。

加藤　69年にそれを言ったというのは本当に早いし、すごい。

市村　雑誌『未来』に発表されたはずで、僕は同時代にその発言に触
れた。僕はその少し前から藤田省三に関心を持ち、会いに行く
ことになるのですが、藤田さんがイギリスから帰った直後の発
言でした。なぜ藤田省三は69年の時点で、「「高度成長」反対」
と言えたのか。

加藤　藤田さんの先見性に驚きますね。

市村　驚くべきです。もちろん、日常生活の中に電化製品が入ってき
たり、という変化はあります。冷蔵庫や洗濯機が僕の家にも入
ってきましたから。当時の僕の唯一の高度成長体験は、職人の
息子が大学に行けたということです。大学へ行くのが当然と思
っている家庭とは違って、我が家で、僕は初めて大学に行ける
ようになるわけです。

加藤　市村さんは大学に入るのが当然とは全然思っていなかった。

市村　まったく。代々、学校教育とは別の文化を生きてきたので。

加藤　私の場合はかなり違っています。6人の兄弟姉妹、全部大学へ
行っている。

市村　家庭環境の差、格差というのは、あの頃はいまと違った意味で
ありました。その後、平準化するわけで、平準化するからこそ
不満が形になって来る。あの当時は不満はありませんでした。
大学へ行けないのは当たり前と、多くの人が思っていましたか
ら。集団就職はいつ頃でしょう。

加藤　集団就職列車の運行は1950年代半ばから20年くらい続きまし
た。

市村 中学卒業で就職する人はたくさんいました。だからその頃大学に行くのは、僕のような階層の者にとっては贅沢なんです。その点では、いわゆる高度成長の恩恵に浴したんでしょう。

加藤 農業基本法が作られたのもこの頃でした。農村労働者が都市労働者になっていく。たしかに、『日誌』の中にはたくさんの知識人が出て来ますが、高度成長についての言及はほとんどありません。丸山さん自身も、学者は誰も予見できなかったと言っていました。

市村 丸山学派の人たちも高度成長への対応は概して鈍かった。その破壊力と言うか、腐食力に気付いた知識人はほとんどいなかったのです。それは、いわゆる戦後の学問が対応できなかった問題だったということです。さらに言うと、あの経済成長への姿勢が学問・思想の試金石になるということです。

加藤 そこが丸山─藤田の二人の分岐点の一つだったのかもしれない。

市村 70年代に学問に新しいものが生まれて来ますが、60年代後半の高度成長の中でふるいにかけられた結果というところがある。

加藤 67、68年の2年間、日本を離れ、藤田さんはイギリスで何を見ていたのか。

市村 イギリスでの生活は彼にとって大きかったはずです。

加藤 「「高度成長」反対」は、彼のイギリス的価値に対する評価と表裏の関係にありそうですね。

市村 イギリスでものを考えてきて、帰国後目にした日本の姿に大きな違和感を覚えた。イギリス流のコモン・センスの判断基準で見た高度成長中の日本の現状を見て、反対を唱えざるをえなかった。「高度成長」という言葉はいつ使われ出したのでしょう。下村治たちですか。

加藤 下村治は『日本経済成長論』を書いていますね、1962年に。「高度成長」の前は、「所得倍増」と言われていた。官庁エコノミストはそうした経済の変化を明確に意識していました。末端

対談 『小尾俊人日誌』の時代

257

のバイトでもそれは感じましたが、毎日数字をはじき出しながら空論だと思っていたら、その後実現してしまったのですから、驚きです。

市村　当時の官僚はすごいですね。加藤さんはその末端にいた。日本社会がそういう変化を辿っている時に、藤田省三は例外的な批評感覚の持ち主として登場したと言えるんです。

加藤　ほかにそのような人はいなかったように思う。

市村　例外でしょう。

加藤　高度成長のもたらすものにいち早く気付いたことが、藤田の学問的転換の一つのきっかけともなったようです。結局は実現しなかったけれど、のちにジョーン・ロビンソンの『資本蓄積論』やアーレントなどを踏まえて、「新帝国主義論」という対話を藤田さんと計画したのも、そこからの展開だったはずです。

市村　60年代後半の学問の質的転換と高度成長がどれほど関連したか、今後研究者が明らかにしてくれるといいのですが。

加藤　全共闘が高度成長を意識していたかというと、そんなことはないのでは。

市村　意識していませんでした。ただ、60年安保の時の学生とは違って、全共闘は高度成長の風を受けて出てきている。69年に藤田さんが帰ってきた後、自宅に呼ばれ、全共闘運動についてどう思うか聞かれました。その時、藤田さんは全共闘に対して非常に否定的でした。

加藤　藤田さんにはファナティシズムに対する嫌悪もありましたし。

市村　帰ってきてすぐ、日本の学生運動にそれをかぎ取った。『日誌』にも藤田さんの学生運動に対する否定的な発言があります。それと、彼にとってはノンセクトがだめでした。

加藤　ノンセクト・ラジカルが一番だめ。彼らには政治的判断がない、と。

市村　僕などは、一番だめだと叱られた。組織の論理で動くという理由で、中核派の方がしっかりしていると言われた。

加藤　ある意味では、いい時期に日本を離れていた。

市村　学生がなぜ暴れているか、藤田さんは理解できなかったと思います。

加藤　藤田さんは、ラディカリズムとファナティシズムを区別していたし。

市村　ラディカリズムは擁護するけれども、ファナティックなのはだめ。論理的にきちんとわける。

加藤　あの当時、大学や学問、さらに出版も含め知的空間の変化も大きかった。大学の雰囲気もまったく変わった。私が大学に在学した頃は、学生のアカデミズムに対する敬意がまだ残っていた。

市村　68年初めの全学封鎖されていた大学の中での話です。ある集会でセクトのリーダーがこう言いました。「こんな時代に古代や中世を学んで何になるんだ。そんな学問は大学から放逐しよう」。僕は恐る恐る手を挙げて、大学というのは何の役に立つか分からないような学問が必要な場所じゃないのかと言ったら、周囲から不穏な空気を感じた。

加藤　それは危なかった。

市村　たった10年くらいの間に、学問への対応の仕方一つとっても、意識が激変した。何と言っても、あの丸山眞男が学生からつるし上げられていたのですから。

加藤　丸山さんはアカデミズムの象徴的存在とされたのが不幸だった。私が大学に在学していた5年間──卒業後どうするか迷って一年留年した──は、曲がりなりにもまだアカデミズムへの敬意が残っていたとしたら、貴重な時期だったんですね。

市村　最後の五年間だったんです。それ以前の、旧制中学、旧制高校から始まる時代の最後の時期、アンシャン・レジームの最後の時だった。

加藤　市村さんの大学時代は始まりの時代だった。

市村　ある意味では。大学に入っていきなり、「大学を解体しなければいけない」と聞かされたわけですから。大学って解体すべき

ものなのか、と思った。

加藤 私は大学に入って、それまで中学・高校で受けてきて面白いと思っていた漢文や東洋史の授業は、本物の学問の前ではただのイデオロギー教育にすぎないと分かった。東洋の歴史や文化に人文的憧憬で近づいていって、学問に打ち砕かれた。

市村 僕が大学に入る頃には、「すべての思想はイデオロギーだ」というふうになっていました。何事もまず疑ってかかる姿勢にならざるをえなかった。その相対化のなかで、言語感覚は不安定なものになりました。だから、そうしたイデオロギッシュな世界の中で、何が本物の学知なのかを探求するようになりました。学問はどこにあるのかと、野田良之の『フランス法概論』とか尾高朝雄の『法の究極にあるもの』とか西郷信綱の『古事記の世界』とかを読んでいた。

加藤 他方で、60年代前半には、マルクス主義に信を置くことも怪しくなってきて、別の出口を探すような本が出始めた。

市村 『日誌』の冒頭と同じ時期、つまり64年から65年にかけて、丸山眞男と梅本克己の対談が二度行われて、これが1966年に河出書房新社から刊行されます。『現代日本の革新思想』という本で、いまは岩波現代文庫に二冊本で収録されています。今回読み返してみて、60年代後半の学生として僕が共感したであろう箇所が分かった。マルクス主義者梅本克己が「マルクス主義というのは自分自身もイデオロギーだと分かっているイデオロギーです」と言う。それを受けて丸山眞男は「その点に実は自分は大きな影響を受けた」と応じるのです。しかし同時に、「そのマルクス主義の問題は病理と表裏一体」だと付け加えます。「すべてはイデオロギーじゃないか」という立場に立つマルクス主義は、そうした自覚がない学問に対する批判としては鋭いけれど、ある学問や学説が真か偽かということよりも、その学説が持っている傾向性、イデオロギー性に対する批判を先立たせてしまう。その当時、僕は両者の発言に共感したはずなんです。そしてこの対談は、ちょうど『日誌』の始まる

時期に行われている。

加藤　梅本と丸山だから対話が成り立ったとも言えます。

市村　あの時点では、そういう対話ができたということです。

加藤　丸山さんにとっても、梅本との対話は出口探しの一つだったのでしょう。

市村　僕は当時、ダニエル・ベルの『イデオロギーの終焉――1950年代における政治思想の涸渇』（原著は1960年刊、邦訳は1969年刊）を読んでいませんが、加藤さんは読みましたか。

加藤　おそらく読みました、流行りましたからね。

市村　イデオロギーの終焉が言われる時代に、梅本・丸山の二人はそれに正面から向き合った緊張した対話を行った。丸山さんはマルクス主義者ではない者として発言していますが、マルクス主義者でない人の著作にあるイデオロギーに対する自覚のなさは偽善的・欺瞞的だと言っている。

加藤　「イデオロギーの終焉」というのは強烈な言葉だった。この言葉はあの時代の流行語にまでなった。市村さんたちの世代にとっては、初めからすべての思想はイデオロギーとして否定さるべきものだったわけですね。

市村　いったん否定した後、またあらためて求められるものだったんです。三浦つとむの『レーニンから疑え』（1964年刊）は読みましたか。

加藤　はい。はっきりと覚えています。いまでは何でもないけれど、当時はタイトルがショッキングだった。

市村　まだ大学在学中ですね。

加藤　レーニンも疑っていいのか、と。ただ、全体としてはそう面白いものではなかった。その後、三浦つとむの本を読むのは言語学関係です。

市村　加藤さんは、マルクス主義者とは違う意味でスターリンに興味を持ったようですが、それはいつ頃ですか。

加藤　大学時代です。定型的なスターリン崇拝やスターリン批判の文脈から離れて、歴史的存在としてのスターリンに興味を持ちま

した。ちょっと後に出版された菊地昌典の『歴史としてのスターリン時代』（1966年刊）も、スターリンに関して、『レーニンから疑え』と同一の質を持っていた。こういう本が続けて出るような雰囲気は、自分の周辺にもあって、スターリンの言語学論文を面白いと言って勧めてくれたのも、東洋史の同級生だった。彼は中国共産党史を専門とし、卒論は陳独秀でした。陳独秀はトロツキストになるから、スターリンの敵です。もっとも、あの時勧めてもらった論文の意味が分かったのはずっと後のことで、田中克彦の解説によってです。

市村　それでもこの時期、スターリンに関心を持ったということは珍しいと思います。加藤さんにとってショックだったのはハンガリー事件かもしれませんが、僕はプラハの春ですね。五年の差というのは、そういう意味でもあります。

加藤　スターリン批判もハンガリー事件も知れば知るほど興味深く、大雑把に言えば、これも出口を探す試みだったかもしれません。

市村　『日誌』が始まる時期には、丸山・梅本の対談も行われたり、翌66年にはレーヴィットの『ウェーバーとマルクス』（未來社）が出たり、たしかに、出口を探し始めていたんですね。加藤さんは60年代前半、大学に籍を置いたわけですが、「丸山学派」という認識はありましたか。五年遅れでやって来た僕の学生時代には、明らかに丸山眞男個人というよりも、丸山眞男とその周辺の人たちという、あるまとまりとして受け取られていたんです。丸山学派という視点で見ると、加藤さんが大学に入った頃に、丸山眞男の教え子たち、弟子たちがそろって本を出している。石田雄の『明治政治思想史研究』が57年、橋川文三の『日本浪曼派批判序説』が60年、神島二郎の『近代日本の精神構造』は61年です。その前には松本三之介の仕事もありました。

加藤　全部かどうか分かりませんが、ほぼ同時代的に読んでいます。

市村　藤田省三の『天皇制国家の支配原理』は少し遅れて66年にな

りますが、論文の初出は56年。それを含めていま言った五人くらいが一斉に本を出して、僕の学生時代には彼らは一つのまとまりとして見えていた。

加藤　私の場合、政治思想史の枠組みをこれらの本で作ったのは確かです。神島さんの本も新鮮だった。

市村　『近代日本の精神構造』は加藤さんは大学二年生くらいですね。

加藤　神島さんの対象と方法に興味を引かれました。

市村　丸山眞男プラス柳田民俗学です。いわゆる「第二のムラ」ですね。

加藤　ただ当時、彼らを丸山の弟子たちとはっきり意識していたわけでもない。

市村　あの時期に丸山眞男を中心とするグループが、マルクス主義に依拠した形ではなく、別の仕方で日本社会の特質やそこでの思考のあり方を分析することに意欲を示し始めた。

加藤　丸山学派に共通の基盤として、対マルクス主義という態度があったわけですね。それがマルクス主義に対抗する勢力になっていく。

市村　対抗するどころか、凌駕していく。だから、その時期の思想状況が気になるんです。1950年代までは何と言ってもマルクス主義が強かったので、多くの人が60年代の丸山眞男を中心とした新しい人たちの仕事に飛びついた。

加藤　たしかに、「飛びついた」という感覚でした。

市村　それは、「マルクス主義に信を置くことが怪しくなった」という状況と表裏一体ではないかと思うんです。戦後すぐは丸山眞男一人で頑張っていたが、それを継ぐ弟子たちが次々と出てきた。先ほど挙げた五人の中で例外的に最後までマルクス主義に対してシンパシーを感じていたのが藤田省三でしょう。

加藤　彼は最後までレーニン主義だった。1964年に書いた「『プロレタリア民主主義』の原型──レーニンの思想構造」を書き改める必要は全く感じていなかった。

市村　いま言った五人以外に同時代で丸山学派と言える人はいます

対談　『小尾俊人日誌』の時代

263

か。

加藤 松沢弘陽さんはもっと後ですね。

市村 植手通有さんも後でしょう。ですから、丸山学派は1910年代、20年代生まれの人たちなんです。石田雄から始まって一拍遅れた藤田省三まで含めて、研究者のあるまとまりがこの時期にできた。日本の社会体質、思考のあり方に対する見方を変えるような思考の枠組みを60年代前半に提供した。それが丸山学派の思想史的な意味です。

加藤 私を含め多くの読者が、そうした人たちの著作を待っていましたという感じで受け止めた。

市村 マルクス主義の凋落というか、それが信を置かれなくなっていく状況と、丸山思想史学の勃興、興隆というのは並行しているんです。逆に言えば、丸山学派として意味を持ったのはこの時期なんです。後は70年代の藤田省三の格闘を含めて、ばらばらになっていく。

加藤 政治的権威が崩れると同時に、学問の新しい方法も模索され、知的転換が起こった。

市村 だから、あの時点での丸山・梅本対談は象徴的なんです。

加藤 この二人の対談が成立するぎりぎりのタイミングだったわけですね。

市村 梅本さんも丸山さんも、互いに学びたいと言っている。対談の中で丸山さんは、日本の学問においてマルクス主義を終わらせてはならないと言っていて、日本でのマルクス主義の重要性を強調する。マルクス主義には、学問的な共通の言語、議論の共通の場所を作り出す力があったからでしょう。

加藤 それは藤田さんも最後まで意識していたと思います。

市村 丸山さんは、自分たちの後、共通の言語は誰が作り出すんだ、と危機感を覚えていた。そういう転換の時期からこの『日誌』は始まっています。

加藤 マルクス主義が凋落し、丸山学派が一番輝いていた時期、それが『日誌』の時代背景としてあります。

市村　60年代後半、丸山眞男とその学派の影響力はすごかったです
　　　からね。なぜ丸山があれほど騒がれたのか、いまや分からなく
　　　なっている。なぜ多くの人が丸山の周りをうろうろしていたの
　　　か、いまでは分からないでしょう。丸山学派の意味を教えてい
　　　るのが、この『日誌』の最大の読み所の一つだと思います。

加藤　その視点は大事ですね。

市村　加藤さんはその頃、割合すんなりと言語の問題を通過したんじ
　　　ゃないですか。

加藤　言語に対する信頼があったから。しかし、70年代に入って、
　　　自分の中で、構造主義を通して言語への関心が高まりました。
　　　戦前の1928年に日本語訳されていたソシュールの『一般言語
　　　学』があらためて注目されるようになる。私の場合は、市村さ
　　　んとは違う形で言語の問題が浮上する。

市村　加藤さんは、言語学者小林英夫の本を担当したんですね。

加藤　ソシュールの世界最初の外国語翻訳者の仕事をすることになる
　　　のだと思いましたし、当時の構造主義の輸入の仕方への疑問も
　　　あって引き受けました。

市村　構造主義が流行しているから言語学の本を出すというのではな
　　　く、日本の言語学者がきちんと仕事してきたところを見せたい
　　　と。

加藤　流行としての構造主義に疑問を抱いて、根本にある言語へと関
　　　心が向かった。小林さんは加藤君は分かってるなんて言ってた
　　　が、当然ながら言語学そのものは分からなかったです。

市村　『日誌』の時代の背景として、構造主義の流行があることも確
　　　認しておきましょう。構造主義は、言語学プラス人類学という
　　　形で日本に入ってくる。言語学と人類学の日本への紹介に関し
　　　て、みすず書房はその中心を担ったと言っていい。70年代に
　　　レヴィ゠ストロースやヤコブソンも構造主義として次々に紹介
　　　されますが、実は戦前からすでに日本には、小林英夫の仕事を
　　　含めて、ソシュール研究や言語学の蓄積があった。そのことを
　　　教えてくれたのが田中克彦です。彼は、1968年に発表した論

文「戦後日本における言語学の状況」で、小林英夫の翻訳の画期性を評価し、「28年に小林英夫氏がソシュールを訳したことは誇るべきだ」と書いている。この論文は、『言語学の戦後──田中克彦が語る〈1〉』（三元社、2009年）に収録されています。68年というのはまさに、この『日誌』に記録されていく時期です。70年代に日本で大流行した構造主義とは別に、輸入学問としてではない、つまり内的に構造主義があったということです。田中克彦という独自で変則的な言語学者を通じてそれを知りました。田中はそうした言語学の蓄積を生かそうとしていた。もう一つ、田中克彦はマルクス主義を手放さない。反時代的ですが、彼は1968年にスターリン言語学を評価している。そして、78年に『言語からみた民族と国家』（岩波書店）を出す。10年後に本にまとめたわけです。田中克彦にとっての70年代というのもあるんです。

加藤　分野は違いますが、藤田と同じようなアプローチの仕方をしている。

市村　田中は自負しています。自分の研究は、内側からのマルクス主義批判でもあると。言語の問題はマルクス主義のアキレス腱ですから。

加藤　人類学の方はどうでしょう。

市村　日本で70年代に人類学が流布したのは端的にいえば山口昌男の影響力ですね。東大の国史学科を出た彼が、いつ人類学に入っていったのか。『回想の人類学』（晶文社、2015年）という自伝的な本があります。彼が初めて人類学に関心を持ったのは学生時代、1950年代です。山口は石母田正や西郷信綱の王権論に刺激を受け、この二人の研究会に顔を出していた。西郷さんのもとで、マルクス・エンゲルスの『文学芸術論』の読書会をやっていた。最初に感心したのはイギリスのマルクス主義者、ジョージ・トムスンの古代ギリシャ研究だと言っている。トムスンは、西郷信綱の1950年代の論考に何度か引用されています。人類学プロパーの仕事からではなく、マルクス主義者

たちによる社会や歴史の研究から、山口は人類学的思考に向かっていったのです。70年代に大活躍する山口昌男のイメージと大分違います。

加藤 ここでも藤田省三と重なるところがあります。

市村 石母田正、西郷信綱というのはそうです。

加藤 山口昌男は藤田とは、その後離ればなれになった。

市村 70年代に藤田と山口が付き合っていたというのは偶然ではなかったのかもしれない。

加藤 藤田さんは人類学の重要性に後から気付いた。ただそれでも、イギリスへ行く前ではあるらしい。

市村 藤田さんが人類学的思考に踏み出すのは遅かった。西郷信綱の『古事記の世界』（1967年）の「あとがき」に、この本には三つの源泉があって、その一つとしてエヴァンス＝プリッチャードの社会人類学が挙げられています。これは、藤田がイギリスに行ってもっぱら人類学に向かったことと関連しているかもしれない。山口昌男は70年代の人類学のブームをリードしますが、田中克彦と同じで、マルクス主義をばねにして日本での蓄積から出て来た。『回想の人類学』を読むと、山口昌男が石母田、西郷に学んで世に出てきたことが分かります。

加藤 藤田省三と根っこが同じですね。

市村 同じ関心です。藤田さんがちょっと遅れたということです。もっと早く人類学に関心を持っていたら、もっと早く山口昌男と出会っていたかもしれません。

加藤 山口は、藤田は面白いことやっていると見ていました。

市村 だから山口は藤田の『精神史的考察』の書評を、刊行後すぐに書いた。山口にしてみれば、ようやく人類学に来たか、イギリスに行かなければ本気で勉強しなかったのか、という感じでしょう。ともあれ、田中克彦の言語学、山口昌男の人類学というのは、日本での学問の蓄積、しかもマルクス主義を媒介にしている。そしてフランスの構造主義はマルクス主義をくぐっている。丸山さんは、日本とヨーロッパの現代思想の一番の違い

は、マルクス主義をくぐっているかいないかだと言っていました。

加藤 あれは重要な指摘だと思います。

市村 僕自身は構造主義という流行思想には飛びつけなかった。自分の問題を抱え続けて、殊に言語については悩み続けました。結局加藤さんに『「名づけ」の精神史』という本を作ってもらうところまで行ってしまったのは、ずっと言語というものが安定したものではなかったからです。

加藤 あれは、その到達点だったのですか。

市村 70年代、ずっと考えていたことです。自分がなぜあれほど言語とか言葉に惹かれたのかと言ったら、最初からそれが自分の中で安定していないからです。

加藤 安定したところから不安定なところに行くのと、初めからそれがないというのとでは決定的に違いますね。

市村 橋川文三さんなどが書いていましたが、60年代後半に、「歴史意識」という言葉が頻繁に使われました。考えてみると、いろんなものの節目でした。戦後20年とか、明治維新100年とか。丸山眞男の「大日本帝国の「実在」より、戦後民主主義の「虚妄」に賭ける」という発言も、その時期、1964年の発言です。

加藤 その対抗関係の中で藤田の『維新の精神』も書き始められた。歴史的転換が始まっていたんですね。

市村 始まっているんです。70年代前半、表層的な議論や言説では飽き足らなくなってくる。それが小尾俊人が書き留めた言葉の中に見られるのではないでしょうか。

2─カール・シュミット

加藤 藤田さんは、1959年10月号の『みすず』に、「日本のエリート

――内村鑑三論」を掲載している。これがみすずとの最初の関わりかもしれません。その後、1960年に二回、石田雄、福田歓一と座談会に登場。それ以来、小尾と接近したようです。65年に、「維新の精神」の連載を『みすず』で始めることになったことが、藤田省三にとっても大きな転機になる。

市村 65年は、僕はまだ学部の学生で、この時期の藤田について同時代的に発言する資格がない。

加藤 私もまだその頃は浅い接触の仕方で、担当者といっても、お使いのようなものだった。

市村 入社一年目ですからね。

加藤 小尾に原稿を取りに行ってくれと言われ、受け取った原稿をその場で読まされたりしましたが、それ以上ではなかった

市村 その時初めて藤田省三に会ったのですか。

加藤 そうです。

市村 その時の印象はどのようなものですか。

加藤 藤田さんは私がどんな人間か測っている感じでした。当然その時は、小尾と藤田の結び付きの方が強かった。その後も、私の方から藤田さんとの距離を意識して縮めるようなことはしなかった。その微妙な距離を保ったことが私と藤田さんとの関係が長続きした理由でもあると思う。藤田さんはしきりに「ディスタンスの感覚」が大事だと言ってましたが、本人はまったくそれに欠けていましたから。

市村 「維新の精神」の連載ですが、重要な原稿が入って来ているという声は編集部内にありましたか。

加藤 ありません。ただ『維新の精神』の初版に、小尾が鉛筆で傍線を引いた本を資料の束から見つけましたが、そこからは小尾がその著者に強い関心を抱き、高く評価していたことがうかがえます。ちなみに、単行本『維新の精神』の装丁は、久野収の『憲法の論理』（1969年刊）と同じでした。この本と同列に位置づけられたと感じた藤田は激怒して、見本を床に投げつけたと聞いています。だから『日誌』の中で、西田長寿さんが「怖

269

い」くらいの本と評価しているのには正直、驚きました。

市村　65年、66年、つまり藤田省三が『維新の精神』を書いている
二年間の記述で注目されるのは、65年7月19日のところで
す。ここではじめて、丸山眞男がカール・シュミット（Carl
Schmitt）の名前を出している。藤田省三にとっての65年から
85年は、『維新の精神』の連載開始から『安楽への全体主義』
執筆までの20年間です。65年から85年の丸山眞男という視点
で見ると、65年7月19日にカール・シュミットに初めて触
れ、85年の『日誌』の最後で、また丸山はカール・シュミッ
トに言及している。この『日誌』では、丸山におけるシュミット
が、すでに65年から始まっていていたことが分かる。どう
いう文脈での言及かというと、ヴェトナムにおけるゲリラ戦で
す。

加藤　『パルチザンの理論』ですね。

市村　ヴェトナムでの戦争に関して、丸山眞男が念頭に置いたのはシ
ュミットの『パルチザンの理論』なんです。これが一つ重要だ
と思える点です。さらに、60年代後半になると、特に69年に
なって、世間でも、そして『日誌』の中でも、いろんな人によ
って爆発的にシュミットに対する言及がなされます。シュミッ
トがこの時期に爆発的に関心を持たれるようになった謎に対す
る答えがこの『日誌』にあるのではないか。話はシュミットに
限りません。ハンナ・アーレント、エリック・ホッファー、ア
イザイア・バーリン、この人たちが、60年代末から70年代初
めにかけて出版されていくのです。ちょうど僕の学生時代の後
半と重なるのですが、60年代末のこの時期に、なぜ彼らは集
中的に翻訳、紹介されたのか。実はベンヤミンも『著作集』が
69年に刊行され始める。僕はこのことの意味をずっと考えて
いました。その後、政治、社会、文化に関する議論で大きく取
り上げられることになる人たちの本が、この時期に続々と翻訳
された。その重要な一翼をみすずが担うわけですが、そのこと
と関係する最初の証言が「丸山眞男によるシュミット」という

形で65年の『日誌』に登場するのです。

加藤　シュミットがようやく注目され始めた頃です。

市村　原著が出たのは、『日誌』にある丸山の発言の二年前、つまり1963年です。

加藤　丸山の言及は早いですね。

市村　丸山眞男にとって、シュミットはたえず気になる人だったのでしょう。60年代末から70年代前半にシュミットの翻訳が続々と現れたのは何だったのか。4年くらい前に岩波文庫から出た『現代議会主義の精神史的状況』（2015年刊）の「訳者あとがき」で樋口陽一が、当時、つまり60年代末から70年代前半に、ヨーロッパの新左翼たちがシュミットを再発見した、その文脈で日本でも次々と翻訳されたのだと書いています。これが大方の見方ですが、実際は違うでしょう。

加藤　『政治的ロマン主義』（1970年刊）の「訳者あとがき」で、シュミットが読まれるようになったことを全共闘と関連付けているが、これも違うでしょう。とはいうものの、『現代議会主義の精神史的地位』の広告文のカール・シュミットの説明は、ほとんど丸山さんの『政治学事典』の丸写しですから、大きなことは言えません。そんな時代でした。

市村　僕はずっと疑問だったんです。新左翼の登場というのは時代背景としてはありますが、それでその時代の「シュミット再発見」を理解していいのか。『日誌』で言うと、丸山眞男の『パルチザンの理論』への注目は1965年に始まって、必ずしも新左翼がらみの政治的ロマン主義者シュミットへの注目ではない。この記述以降、シュミットに対する言及が増えていくので、「シュミット再発見」の問題を考える上で、『日誌』を辿っていく意味がある。

加藤　それは65年7月19日の記述から始まります。

市村　69年になると、シュミットへの言及が増えていきます。69年6月24日に、新田邦夫訳『パルチザンの理論』の名前が出ている。みすず書房の中で最初に問題になったシュミットは『パル

チザンの理論』なんです。69年の8月8日、たぶん藤田省三が
シュミットの著書一覧を原タイトルで小尾さんに語ります。
69年段階では、みすずでもシュミットを出さなければいけな
いという機運が高まるわけですね。それですぐに『政治的ロマ
ン主義』に議論が集中していき、誰に翻訳を頼んだらいいかと
いう話になる。同じ69年には、植手通有さんの発言で、脇圭
平さんがいいんじゃないかとある。シュミットと脇圭平という
組み合わせがこの後いろんな人たちによって、しばしば言及さ
れます。藤田省三も72年2月10日に、意識的に20世紀の遺産
ということを言い始めて、フランツ・ノイマンの後にシュミッ
トの名前を挙げています。それで実際にみすずは『政治的ロマ
ン主義』と『現代議会主義の精神史的地位』を刊行します。

加藤　読者としては新左翼の人が多かったかもしれない。でもその後
の新左翼にとって、というか新左翼が衰退していく中で、別の
カール・シュミットになっていくのではないか。

市村　刊行されたカール・シュミットをざっとまとめてみると、70
年代の皮切りに『政治的ロマン主義』みすず、『政治的なもの
の概念』未来社、翌年71年には『政治神学』未来社、『陸と海
と』福村出版、72年には『現代議会主義の精神史的地位』み
すず、『パルチザンの理論』福村出版、『リヴァイアサン』福村
出版、73年に『危機の政治理論』ダイヤモンド社、74年には
『憲法論』みすず、『大統領の独裁』未来社、『政治思想論集』
社会思想社、76年『大地のノモス』福村出版、ほぼ五年間で
主要なものがすべて出てしまう。

加藤　みすず、福村、未来社の三社、それに『憲法理論』の創文社
（1972）。

市村　70年代の五年間に刊行が続いた。これは当時、大学院に行く
僕にとって驚きでした。毎年のように翻訳が出た。シュミット
は、戦争中に翻訳されていましたが、敗戦後、60年代末まで1
点も翻訳されていませんでした。70年代に集中的に翻訳が現
れたことが、どういう問題を提出しているのか考えざるをえな

い。

加藤　バーリンも同じ時期でした。バーリンは、はじめは『歴史の必然性』という題で、1966年、英語の原書が出る3年も前にみすずから出ている。丸山さんから教えられたのでしょうが、小尾さんが論文を集めてつくった本です。71年の『自由論』の「あとがき」で、福田歓一さんは「出版人・小尾俊人の見識と愛着」によって成る「稀有の例」と書いている。そして1973年『ハリネズミと狐』、1974年『カール・マルクス』が出る。アーレントも同時期ですね。

市村　66年8月28日、石田雄が『全体主義の起源』に言及する。ここで掛川トミ子さんという人が問題になるでしょう。情報提供者として、掛川さんの存在が大きい。アーレント関連の情報は掛川さんが一手に引き受ける。

加藤　67年6月16日ですね。

市村　そこで話題となっているのが『イェルサレムのアイヒマン』。

加藤　これは当時『ニューヨーカー』に連載されて、ヒトラーを免罪するものとして激しい批判にさらされ、スキャンダルになった。近年評判になった映画『ハンナ・アーレント』に描かれていますが。

市村　そして69年に『イェルサレムのアイヒマン』はみすずから刊行される。

加藤　訳者の大久保和郎氏は仕事が正確で早い。それゆえ、小尾の信頼が厚く、カール・シュミットも結局は大久保和郎訳になる。大久保さんは独協の出身で、ヒトラーユーゲントの学園訪問に反対するような早熟な中学生だった。

市村　この『イェルサレムのアイヒマン』を皮切りに、掛川トミ子という人がみすず書房に深く関わるようになる。68年4月9日にはアーレントの『政治と真理』を小尾さんに紹介します。70年に入ると、『暴力について』を勧めています。それをみすずは実際に刊行する。67年から始まって、掛川さんのアイデアが、実際の企画に結び付いていく。

加藤　掛川さんは津田塾大学の出身で、東大の大学院、あるいはその以前に丸山眞男に出会っている。1931年生まれで、最後は関西大学名誉教授ですが、Wikipediaにその名もなく、彼女についてはほとんど情報がない。かろうじてリップマンの『世論』（岩波文庫）の翻訳が挙げられているだけ。ハーヴァード大学に留学して、R・N・ベラーのもとで学ぶのだけれど、ベラーを紹介したのは丸山さんではないでしょうか。

市村　さきほどシュミットについて、集中的に刊行されたと言ったけれど、実はアーレントも集中的に出版されました。やはり60年代の終わり、68年からです。

加藤　志水速雄さんの訳が多かったですね。

市村　68年に『革命について』が合同出版から志水さんの訳で出ました。これは75年に、中央公論社から新装版という形で出ます。『イェルサレムのアイヒマン』は69年です。そして、70年に『過去と未来の間』がこれもまた合同出版から、72年には河出書房から『暗い時代の人々』が刊行されました。同じ72年、みすずから『全体主義の起源』全三巻の刊行が始まります。73年には、みすずから『暴力について』が、中央公論社から『人間の条件』が出ています。つまり、68年から73年にかけてアーレントが集中的に翻訳されたということです。シュミットは70年代半ばまでに主要なものが10点近く翻訳される。アーレントも重要な著作が73年までにほぼ出てしまう。この現象はいったい何だろうと思うわけです。この時日本の知的ボルテージが一気に上がり、間違いなく、みすずはその一翼を担った。小尾さんという一編集者に、いろんな人たちがこういう本を出せと言い始める60年代末から70年代前半とは、いったい何だったのか。これが、『日誌』の一つの重要な読み所だし、考えなければいけない問題です。

加藤　出版社の中にいて、当時のそういう現象には気付いてはいても、その意味まで分かったかどうか。

市村　掛川さんはアメリカに留学していたから、当時アメリカのアカ

デミックな世界で読まれていた本、話題となっていたことを、情報として持ち帰ったのでしょう。ただそれだけでないのは、掛川さん自身のアメリカ経験というものがあるらしく、エリック・ホッファーを小尾さんに紹介したのも掛川さんです。71年に掛川さんのアドヴァイスによってホッファー『波止場日記』を出します。

加藤 みすず書房は、当時はまだ「ロマン・ロランのみすず」という文学イメージが強かった。それを小尾は変えていく。60年代に、みすずに新しい波としてシュミット、アーレントなどが入ってくる。小尾の『日誌』を見ると、それをかなり意識的に受け入れていることが分かる。研究者からの示唆を受けて、小尾自身が積極的に動いた。

市村 掛川トミ子さんの背後には丸山眞男がいて、その信頼があってこそだとは思います。68年2月6日、掛川さんがエリック・ホッファーの名前を出します。実はその前日に丸山眞男が小尾さんを訪ねていて、ファナチシズム批判の話をしています。丸山が、右にも左にもある熱狂主義、ファナチシズムを批判した翌日に、今度は掛川さんが来て、ホッファーを紹介するわけです。丸山さんが小尾さんに話をして作り上げているコンテクストにピッタリのものを、掛川さんが間髪入れず小尾さんに紹介している。とても偶然とは思えない。

加藤 ホッファーがファナチシズムを取り上げている本は『大衆（The True Believer）』ですね。これは紀伊國屋書店から1961年に出ていて、1969年に『大衆運動』と書名を変えて再発売された。

市村 この『日誌』の読み取りが難しいのは、ポツンポツンと固有名詞が書き留められているけれども、どういう文脈で、何との関連で出てきたのか分からないことです。いずれにしても、この『日誌』で、掛川さんの名前はあまりにも登場頻度が高い。後に、丸山・藤田関係が緊張の度を高めた時に、仲介役をしているのも掛川さんです。彼女は二人のところに出入りができた希

有な存在でした。

加藤　掛川さんを当時会社でしばしば見かけましたが、重要人物という感じは受けませんでした。考えてみると、「風流夢譚事件」後の『思想の科学』天皇制特集号で、藤田省三が対談「現段階の天皇制問題」で、対談相手に選んだのが掛川トミ子だった。1962年のことだから、掛川さん31歳、驚くべき若さです。

市村　『日誌』から少し離れますが、この『日誌』には現れない名前が一つあります。これは加藤さんに聞きたいのですが、67、8年にみすずの中で永井陽之助という名前が出たことはありませんか。

加藤　ないと思います。

市村　実は、いくつかの謎を解く補助線になるかもしれない文献が一つあります。68年、これは微妙な時期ですが、その永井陽之助が編集した『政治的人間』というアンソロジーが平凡社から出ます。「現代人の思想」という全22巻のシリーズの一冊で、僕は学生時代に買ったものをいまでも持っています。さきほど丸山さんによるシュミット『パルチザンの理論』の言及が65年で早いと言いました。その『パルチザンの理論』の翻訳が、68年刊行の『政治的人間』に収録されているのです。その中には実は初訳が三つも入っていて、最重要なものの一つが新田邦夫訳『パルチザンの理論』なんです。僕が新田邦夫の名前を知ったのはこの本でだと思う。70年代に入って『日誌』には脇圭平の名前が頻繁に出てきますね。最初はシュミットとの関連で、さらに、みすずセミナーの講師としても、丸山・藤田との関係でも、脇圭平の名前が登場します。その脇圭平によるマックス・ウェーバーの『職業としての政治』の新訳が、『政治的人間』に入っている。この新訳も『日誌』の中で話題になるわけです。さらに、アーレントの『革命について』の初訳も収録されている。これは志水速雄訳ではなく、高坂正堯訳です。全訳したらとても収まらないので、抄訳でした。もう一つの初訳は、永井自身が訳しているエリック・ホッファーの『情熱的

276

な精神状態』なんです。できすぎているんです。シュミット、アーレント、ホッファー、ウェーバー。これは全部、『日誌』の中に登場する名前で、それが永井陽之助編集のアンソロジーに初訳、新訳で登場する。いまから見ても、この『政治的人間』は見通しのよさといい、非常によくできたアンソロジーだと思います。4つの重要な初訳・新訳以外に収録されているのは、丸山眞男であり、リースマンであり、65年に丸山眞男が言及していたラスウェルなんです。『政治的人間』は68年の刊行です。

加藤　永井陽之助さんの名前は『日誌』には一回しか出てきません。

市村　永井陽之助は丸山門下ではありませんが、東大法学部で政治学を学び、掛川さんより前に、ハーヴァード大学に行っている。永井にもハーヴァード経験があるんです。みすず書房と関係がないのかと思ったら、68年に翻訳が出ていました。リースマンの「現代論集」の第1巻、『政治について』。編集担当は小泉二郎氏です。

加藤　小泉さんはみすず書房の中での位置が特殊だった。小尾さんの弟さんで、小尾の仕事を献身的に助けていた。それはともかく、リースマンの「現代論集」については、『孤独な群衆』の訳者、加藤秀俊に相談して進めていたようで、刊行の二か月前に、『政治について』の訳者、永井と、姓のみ記されている。

市村　『政治的人間』に収録されたリースマンの「全体主義権力の限界」は、みすずの『政治について』に収録されていたのと同じものです。リースマンの論考は、ファナチシズムへの抵抗としての「堕落の役割」を取り上げた有名な論考です。リースマンはその中で、二人の思想家を紹介していて、それが、アーレントとホッファーなんです。永井さんはハーヴァード留学中、リースマンの教えを受けているわけですから、彼のアーレント、ホッファーへの注目は、リースマン経由という可能性が十分ありうる。『孤独な群衆』以来、リースマンはみすずの著者です。なぜ、永井陽之助の線から、アーレントとか、新田邦夫訳

のシュミットとか、脇圭平のウェーバーの新訳とかの話が出て
こなかったのか。

加藤 当時永井さんの名前は、みすず社内では聞いていない。ただ
「堕落の役割」ではないが、「退廃の許容」という話は丸山さん
の口から聞いたことがある。たぶんリースマンと同じような文
脈で。

市村 永井陽之助が訳したウェルドンの『政治の論理（Vocabulary of
Politics）』という本がありますが、「訳者あとがき」で、丸山眞
男先生に勧められて翻訳したと言っている。つまり、『日誌』
に出てきませんが、丸山眞男―永井陽之助という関係はある
んです。永井はシュミットについて丸山さんから聞いていたの
ではないか。

加藤 新田邦夫は丸山門下ですね。

市村 丸山は大学院で新田邦夫の論文の主査でした。永井さんは丸山
さんから、新田邦夫も脇圭平も紹介されたということは十分に
考えられます。脇圭平ももちろん丸山門下です。

加藤 この時期のみすず書房はあのアンソロジー一冊に凝縮されてい
るようだ。

市村 今回『日誌』を読んでいて、この本に収録された思想家の名前
と『日誌』に登場する名前との関係はどうなっているのかと不
思議な思いに駆られた。それらをつなげてくれるのが丸山眞男
という名前だった。

加藤 そうすると掛川さんの位置・役割がよく見えてきますね。

市村 掛川さんと永井さんは、アメリカ経験、ハーヴァード留学で重
なる。

加藤 掛川さんから小尾や私に語られるのは、いつもハーヴァード経
験でした。密かにトミーと呼んだくらいです。『日誌』から、
掛川さんにとってハーヴァード経験が非常に新鮮だったことが
分かる。そこで受け止めたことが、企画には反映されている。

市村 永井さんは1924年生まれで、ハーヴァードにいたのは62-64年
のようです。掛川さんのハーヴァード滞在はいつ頃でしょう。

加藤　掛川さんは68-69年です。

市村　永井さんはアメリカに行く前から、丸山さんに勧められてラスウェルやウェルドンを翻訳しているので、後のイメージとは違って、ここでは丸山眞男の下にいた永井陽之助なんです。『政治的人間』を編集した段階では、明らかにある種の政治的実存主義に近く、それゆえ、シュミットやアーレントに対するシンパシーが強い。後の国際的戦略論の永井陽之助とイメージが違う。ホッファーの「情熱的な精神状態」を翻訳する永井陽之助というのは、後の印象からすると想像しがたい。掛川さんは1931年生まれとのことなので、藤田省三より4歳くらい下ということになりますね。小尾さんの丸山、藤田に関する情報源はもっぱら掛川さんで、『日誌』では「Ｋ」と書かれている。

加藤　なぜ、掛川トミ子がアーレントやホッファーを突然に話に出すのか疑問でしたが、丸山眞男との関係に加え、彼女自身のハーヴァード体験と、きちんと文脈があるわけですね。

市村　『日誌』上には掛川さんしか出て来ませんが、そこに丸山眞男と近かった永井陽之助を重ねると、いろいろなことがすっきりと見えてきます。掛川さんは69年に『パルチザンの理論』を話題にします。新田邦夫の訳が出ていますね、と。単行本は福村から72年の刊行ですから、永井のアンソロジーで見たのですね。

加藤　『政治的人間』というアンソロジーが極めて重要な意味を持っていることが分かってきました。

市村　以前から僕は、60年代末から70年代日本の政治思想を考える上で、あのテキストは重要だと言ってきました。そこでは、明らかに政治の捉え方が大きく転換しています。70年代を準備する見方と言ってもいい。

加藤　その政治の捉え方の変化は、その当時世界中で高揚していた学生運動と関係があるのかどうか。

市村　70年代の各出版社の仕事は、そういう時代背景のもとに生まれたと言ってもいいけれども、『政治的人間』にある政治の見

方は、違うところから来ているのではないか。つまり、永井陽之助のハーヴァード体験や、丸山さんから入ってきたシュミット。むしろそちらでしょう。通常世間で言われているような、新左翼の登場によってシュミットが発見され注目されたのだというのは、この『日誌』によっても疑問です。

加藤　結局、丸山さんはカール・シュミットを追い続けていた。

3―丸山・藤田関係とみすずセミナー

市村　最初は『日誌』を、著者との連絡事項だとか、小尾さん自身の心覚えのメモだろうと思って読み始めたのですが、すぐにその異様さに気が付きました。丸山・藤田に関する記述が尋常ではなかったからです。加藤さんは同時代の目撃者で、断片的な記述に肉付けをするには加藤さんのようなごく近くにいた当事者が必要です。特に藤田さんとの関係で言えば、加藤さんは最後まで付き合っています。

加藤　同時代的に見ていましたが、それがどういう意味を持つかということに当時は気付いていなかった。その意味については、記録者である小尾俊人自身も気付いていたかどうかは疑問です。

市村　そうです。こういう記録になっていくだろうと、記録者自身が考えていたかどうか。そのことの意味も含まれます。そして、丸山・藤田問題を越えて、70年代を挟む65年から85年の日本の思想状況という問題も『日誌』には含まれている。

加藤　『日誌』の記述の中心は70年代ですね。しかし、その70年代を記録しようと意図していたわけではない。

市村　あの時代をいまの時点から見れば、相当よく見えますが、そこに生きていた当事者たちは、現在進行形の事態の中で、何が起きているのか分からなかったでしょう。加藤さんは、1965年に新人の編集者としてみすず書房に入りますね。

280

加藤　ええ。入社してすぐ、藤田省三の担当になった。それは偶然なのか、偶然ではないのか。小尾がなぜ私を、みすず書房の著者としては比較的新しい藤田と組み合わせようと考えたのかはよく分かりません。ただ言えるのは、私がみすずに公募で入った高等教育を受けた初めての社員だったことです。

市村　最初に断っておかなければいけないでしょうが、小尾さんは丸山眞男とは付き合いが古く、しかもたえず敬意を持ち続けていた。そして、その延長上で記録しているということです。

加藤　藤田省三の不満というか、疑念は、小尾さんは丸山眞男の弟子ということで、自分を評価しているのではないかということでした。それも多少あったとは思いますが。

市村　65年以降に登場した異物のごとき存在が藤田省三で、それまでの小尾―丸山関係の中に第三項として出てくる。そして、小尾―丸山関係自体を変質させていく。小尾さんの予想以上に、藤田という存在は強い印象を与えたと思うのです。30歳代後半の研究者の発言を克明に記録するというのは、相当のことのはずです。さて、この『日誌』の重要な部分を占めている丸山・藤田関係、そして藤田省三の病気について話しましょう。これらをどう語るかというのは難しい問題です。

加藤　二人の人間的葛藤と学問的葛藤が生々しく記録されています。

市村　まず問題となるのは、丸山・藤田関係です。小尾さんの書き方では、「M-F relations」。それから「F problem」。つまり藤田問題。小尾さんは「問題」という認識で、そういう呼び方をしていた。丸山自身が、F problem と言っている箇所もあります。この藤田問題を抜きにして丸山・藤田関係を思想史的に論じることができないことを、この『日誌』は教えてくれます。M-F relation は本当に厄介なものですが、その中には、思想史的というか、知的・学問的な意味があると思います。

加藤　丸山さんに関しては、全共闘関連の話も出て来ますが、ここでは問題にしなくていいのではないでしょうか。

市村　この『日誌』によらなくても、丸山さんに関する情報はすでに

刊行物がたくさんある。実は丸山さんは同じことをほかの場所でもしゃべっていて、それが座談とか対談の形で世に出ています。

加藤　小尾が必死にメモした記述は、すでに活字になったものと照合・確認できるのもあります。

市村　異様ですね。丸山さんは別の場所でまったく同じことをしゃべっている。一字一句たがわず。

加藤　それができる頭脳もすごいと思う。

市村　あの丸山さんのおしゃべりって一体何なのかと思う。『日誌』の判読不能のところは、たとえば『丸山眞男座談』でかなり補足できるのかもしれません。一方、藤田省三は考えていることを外部に出さないので、小尾さんに話したことがほぼ初出で、貴重です。

加藤　藤田さんは片言隻句が面白い。ベンヤミンを「20世紀最大の論理家」とか。

市村　この『日誌』でそれが出てくるのは70年代の終わりのあたりですね。

加藤　丸山・藤田関係の出来事で大きいのは、1967年の藤田のイギリス留学です。まず、空港見送りメンバーを見て驚きました。

市村　僕も唖然としました。40歳の一研究者を、丸山眞男夫妻、石田雄、萩原延寿、植手通有、河合秀和、都築忠七、岩波、筑摩、未来社、現代の理論社の編集者、それから小尾さんで見送っている。

加藤　豪華という言葉がふさわしいかどうか分かりませんが、壮観です。

市村　これはいつですか。

加藤　67年5月4日。

市村　藤田省三に対する扱いのすごさ。

加藤　藤田さんが呼んだのでしょうか。

市村　呼んでいないでしょう。周囲の特別扱いです。

加藤　それだけ期待されていたことになりますか。

市村　やはり丸山眞男の評価があったからでしょう。丸山先生が藤田を大事にしていたからとしか考えられない。小尾さんは65年にはまだ藤田の電話と僅かな談話の記録しか残していない。そういう人が、67年には空港に見送りに行く。丸山を通じて、藤田省三という人が小尾さんにとって強い印象を与えて、彼は特別な存在だと思えたということです。

加藤　分からなかったのは、なぜ藤田はイギリスに行く前にみすず書房への入社を希望したのか。

市村　それは『日誌』だけでは分かりにくいところです。これはかなり前から藤田省三が考えていた節がある。たしか『竹内好日記』だったか、イギリスに行く前、竹内好が入院しているところに藤田が見舞いに来て、竹内に大学を辞めたいと言ったと書いてある。しかし、小尾さんに、みすずに勤めたいと言っていたのは驚きです。相当小尾さんにほれ込んだとしか考えられない。「帰国したらみすずに入社したい」という一節がいきなり出てくる。小尾さんは「考えておく」。

加藤　みすずの刊行物の方向性を予見していたのかもしれません。

市村　それでも、みすず入社希望となりますか。

加藤　だからその間の手紙に非常に興味を抱く。

市村　藤田さんから小尾さん宛に何通も送ってきたみたいですね。『日誌』に手紙、手紙と書いてある。

加藤　イギリス滞在中、『精神史的考察』（平凡社、1982年）のための蓄積がなされたと見られます。社会人類学の本ばかり読んだと言っています。

市村　『日誌』に即して言うと、帰って来てから後の彼の言動というか、それが大事になってくる。「みすずセミナー」というのはいつからのアイデアなのですか。セミナーについて、当時加藤さんは聞いていなかったですか。

加藤　若手だったからかもしれませんが、特に聞いていません。ただ、当時小尾は、「テクストを読む」大事さみたいなことを盛んに言っていた。それがセミナーという形になっていったのだ

と思いますが。

市村 藤田さんが日本にいない69年2月に、植手通有さんがセミナーを手伝いたいと言っているという記述がある。藤田はみすず書房という出版社を舞台にしたセミナーをやることにものすごく執着しますね。いったいセミナーにどのようなことを考え、何を期待したのか。しかも、小尾さんを巻き込み、丸山さんを巻き込み、錚々たるメンバーが加わってくる。70年代前半の知的雰囲気を考えると分かるんですが、みすずセミナーは文化講演会にしたくないと藤田は言います。

加藤 もちろん小尾も「テクストを読む」ことを主眼にするというのですから、文化講演会ではないものを考えていた。

市村 69年3月に、藤田が二年間のイギリス滞在から帰国します。驚くべきことに、帰国したその日にみすずセミナーの話をしているんです。「出迎え船山栄一、家に行き、萩原延寿と1時過ぎまで話す」。藤田の発言を小尾さんがどういうふうにして記録したのか分かりませんが、「帰国、69年3月16日、話題になったのは、1 みすずセミナー」とあります。セミナーの場所は雑誌会館か電通会館がいいとか、参加者は100人以下がいいとか、具体的な構想を練って帰って来る。

加藤 手紙が気になるのもそのあたりです。

市村 すでに小尾さんに手紙で打ち明けていたのでしょうが、帰国した日に、政治学や経済学の講師の名前として、丸山眞男、坂本義和、京極純一を挙げている。最高水準の講師を集めるという抱負が帰国早々打ち明けられる。二年ぶりに日本に帰って来た当日に、普通こんなこと言うでしょうか。

加藤 言いませんね。

市村 眼目としては、政治社会、技術社会、原始社会、言語論なども入れる、などという話をしている。この執着は異様です。

加藤 小尾が主導したのか、藤田が主導したのか。

市村 その後、『日誌』の中では、藤田のどんどん変わっていくセミナーの構想が、こと細かに記録されている。講師を入れ替え、

テーマを入れ替え、ついに古典講読に固まっていく。

加藤　大学を辞めたいという気持ちと関係があったのかどうか。

市村　私塾という形ではないでしょうが、みすず書房という場を通して新しいアカデミーを作りたいと。実際みすずセミナーが始まるのはいつでしたか。

加藤　71年の9月です。

市村　大学には70年秋に辞表を出していますから、明らかにワンセットですね。

加藤　それと半月くらいの差で、71年3月、丸山も東大を辞める。ちなみに、西郷信綱も71年に横浜市立大学を辞めています。

市村　小尾さんにとっては長年敬愛してきた丸山眞男が停年を待たずに東大を辞める。と同時に丸山が絶大に評価していた藤田省三も辞める。小尾さんはあるエッセーに「アカデミズム振動の年、激震の一年」と書いていました。そういう受け止め方をしていたのでしょう。そういう思いだったから、藤田のイリュージョンに近いセミナーの話に付き合ったのではないか。

加藤　セミナーには小尾も情熱を燃やしていました。

市村　70年、71年という時代の状況を考えないと分かりませんね。

加藤　脇圭平の名前が講師として登場している。しかし、脇の本はみすずからは出ない。セミナーは、禁欲的なまでに本の企画に結び付かない。

市村　セミナーは出版社の企画ではなく、新しい知的・学問的な場を作ってみせるという思いが強かったのでしょう。それゆえ、みすずの出版とはつながらない。講師の名は『日誌』の中で次々と変わっていきますが、それが藤田省三のこの時期の学問的な関心やその時取り組んでいた知的課題と重なってくるので面白い。講師の選び方にしても、帰国当日は、丸山眞男とか坂本義和とか大塚久雄とか言っていたわけですが、それが変わっていく。

加藤　脇圭平であり、石母田正であり。

市村　西郷信綱であり。明らかに70年代の藤田省三の知的な核心部

分です。

加藤 一年で講師の名前が完全に変わります。

市村 イギリスで二年間考え続けたことで、新たに取り組むべき課題が見えて来た。それがみすずセミナーの講師陣という形で姿を現し始めた。イギリスで社会人類学の洗礼を浴びて来る。

加藤 そうした本を読んでいたと言っていましたが、その勉強が結実していくには少し時間がかかった。

市村 小尾さんがどう思っていたか分かりませんが、藤田としては、みすずセミナーはほぼ成功だと思っている。みすずセミナーが終わった後、平凡社セミナーをやりますから、出版社を通じたセミナーにこだわっていたんです。何よりも、そういう場を作りたかったんでしょう。アカデミズムに代わるものを作りたかった。その中で自分のやることがだんだんはっきりしてくる。みすずセミナーは藤田省三自身にとって重要なステップになる大事な場所です。それが断片的にとはいえ、垣間見えるのがこの『日誌』の面白さですね。

加藤 みすずセミナーに関しては丸山さんも言及しています。

市村 小尾さんが相談しています。丸山さんのみすずセミナーについての意見は、71年4月15日、つまりセミナー開催の5、6か月前です。非常に長い具体的な指示がたくさんあります。面白いんですが、丸山さんは藤田さんとは違ったふうに考えていたでしょう。藤田さんが素案を作ってきて、小尾さんがおそらくそれを丸山さんに持って行って相談している。異様に長いコメントが記録されています。藤田省三のイリュージョンと違って、丸山さんは非常に具体的、リアルです。聴講者の選抜をどうするかとか。

加藤 丸山さんは、セミナーをどう組織するか、どう組み立てるか、というところに関心を示す。

市村 受講者の三分の二が均質でなければ講師はやりにくい、と具体的です。後はマスでよい。言い方がすごいですね。丸山さんはこういう人です。

加藤　極めてリアリスティックです。

市村　丸山さんの人柄ですね。テーマも大学でやらないテーマがいい、と言っています。藤田さんが考えてもいないことですが、語学もやった方がいいんじゃないか、と。なぜいいかというと、語学をやるとセミナーゴロをはじける。八王子セミナーハウスなどにセミナーゴロがいる。つまり、こういうものを渡り歩いて、講師との交際を求めたりしようとする人がいるとアドヴァイスします。

加藤　二人の資質の差が現れていますね。

市村　歴然と。小尾さんの唯一残った「日記」がありますね。1951年、一年間だけの日記で、2016年に出た宮田昇の『小尾俊人の戦後』に収められています。その当時小尾さんは29歳です。あの「日記」は非常に興味深い。ああいうふうに詳細に記述する人が、この『日誌』の記録を取っている本人なのです。「日記」を読むと、人物に対する観察が非常に冷静ですね。丸山さんに対する記述があって、この当時からもちろん敬意を表し、「得難き人」という一句がある。1951年7月11日に印象深い記述がある。病気の丸山さんを見舞いに行った時の話です。帰ってきて丸山さんについて書く。「対人間の態度が著しく作為的である」、「一々思考の次元に返して冷たくなる感じである。丸山さんの感覚のアンテナに入らない心の次元があるような感じがする。今日は悲しい日である。心の筋がお互いに合わなかった」。これはほかの場所でも繰り返しています。丸山眞男をそのように見た、見抜いた人がこの『日誌』で記録を取っているということです。

加藤　あの「日記」はすごいものですね。

市村　すごいです。「日記」を読んだ後で、この『日誌』を読むと、セミナーについての丸山さんの非常にわり切った、現実的なコメントもさもありなんと思われます。

加藤　あの「日記」があったから、この『日誌』を付けることになったのかもしれません。

市村 ありえますね。『日誌』の後半では、丸山さんの家族関係をめ
ぐる記録が増えてくる。さきほどの言い方で言うと、「丸山さ
んの感覚のアンテナに入らない心の次元」を記録している感じ
ですね。丸山さんが子供との関係が全然うまく行かないと打ち
明ける。「対人間の態度が著しく作為的であり、一々思考の次
元に返して冷たくなる」のであれば、人間関係は難しくなるで
しょう。

4—Mental crisis と学問の危機

市村 『日誌』が始まったばかりの65年10月22日のところも重要だ
と思います。これは同じ内容が記録されていて、『丸山眞男話
文集』続1所収の「生きてきた道──『戦中と戦後の間』の予
備的な試み」でも読むことができる。この日、丸山さんは滔々
とおしゃべりしていて、それを小尾さんが必死に筆記してい
る。ここで僕が面白いと思うのは、丸山さんが何気なく言った
言葉です。「今政治学の体系化への関心はなくなっている」、そ
して「思想史が面白くなってきている」と。これは丸山の読者
にはよく知られている通り、「政治的な発言とか、政治学に対
する関心はもうないんだ」とか、「夜店はもう閉店だ」という
発言の一環と受け取れます。丸山さんはこの後、学問的な面で
藤田さんとぶつかるんです。「思想史が面白くなってきてい
る」という丸山さんの発言を、「夜店の店仕舞い」発言という
文脈から置き直して、藤田さんとの関係で見てみましょう。藤
田さんは72年の4月26日、小尾さんに対して「思想史への疑
問」ということを言うんです。自分は思想史ではなくて、「よ
り根本的な、より下部的な一般史に関心があるのだ」と。それ
から73年の3月25日、藤田さんは、「イデオロギーが意味をな
くした世界では思想史をやる意味はない」と発言する。70年

代に入って藤田さんは、思想史を離れていく、思想史を名乗るのを止めていくことをはっきりと宣言し、「精神史」を問題にしていく。ここで丸山さんとずれてくるんです。72年の1月24日、「丸山先生、3時―4時40分」とあり、丸山さんは1時間40分もしゃべっている。藤田さんが病気になって、メンタル面でちょっとおかしい、という話になります。ここでの藤田さんについての丸山さんのコメントが、丸山―藤田関係のみならず、70年代に入った日本の重要な問題を提起しているのではないかと思うんです。70年代の初めから、藤田さんは古代を勉強し始め、人類学や神話学、古典学、文献学を勉強し始め、西郷信綱さんの下で勉強を始めていたんですね。それを踏まえて藤田さんの病気について丸山さんが発言しています。「今彼はmenntal crisisのただなかにある」。丸山さんは藤田さんの学問的転換を、mental crisis、つまり病気だと受け取っていたんですね。その数行後にこう言っています。藤田さんが「現代と政治が嫌いになったことについて、自分の方向が影響を及ぼしたとすれば、責任を感じる」。丸山さんはこの当時、「歴史意識の古層」を発表していて、古事記や日本書紀に取り組んでいた。「自分が古代をやるということは、日本政治思想史の一貫した連続性と全性格、またはそこを流れている潮流の把握のため、やむを得ぬのである」と。丸山さんは、藤田さんが古代に向かったのは、自分が古代を取り上げたことが原因で、やらなくてもいいものを、藤田さんはmental crisisゆえに判断を誤ったと思っているわけですね。これは小尾さんが書ききれてないんですが、「藤田君が西郷さんや……」で終わっている。推測すれば、「西郷さんや」に続くのはおそらく、「石母田正さんに向かったのは」だと思うんですが、「それは不安と模索、mental crisis の実例である」と。こういう丸山さんの捉え方が丸山―藤田関係に影響を与えなかったはずはないと思う。少し前から藤田省三は自身の学問の舵を大きく切り、悪戦苦闘を始めていた。藤田が学問的に大きく転換して、古代へ向かい、

一から勉強をやり直している時に、丸山眞男は自分が悪影響を及ぼして申し訳ないと思っている。このずれですね。このずれは、丸山、藤田二人の間のずれだけでなく、大きく言えば、この時点における、日本の学問的分岐点かもしれない。

加藤　藤田さんは自覚的に「古代との往還が大事だ」と言い始めていますね。自分は学問的危機と捉えているのに対して、丸山にはmental crisisと見られた。

市村　実際、大学を辞めたことで生活の不安もあり、藤田さんは鬱状態なんですが、それと藤田さんの学問的危機意識は別の問題です。藤田さんは、丸山さんが自分をただの病人と見ているということを繰り返し嘆いているんですね。

加藤　藤田さんは、丸山さんに病気だと思われていることを分かっていて、それにいら立つ。

市村　藤田さんにとって、より重要だったのは自身の学問の危機だったんです。それを丸山さんに病気と片付けられ、小尾さんも丸山さんの見方に倣います。『日誌』では、藤田さんの病気とか症状とかが延々と記録されていく。丸山さんは藤田さんの研究者としての不安、つまり学問的危機を掬い取れていない。日本が新たな段階に入った70年代前半という時期の重要性が、藤田―丸山関係の齟齬の中に現れていると思う。互いの力を認め合っていたあの師弟関係の中で、学問的な意思疎通ができなくなっている。これは丸山さん個人の問題というより、70年代前半の日本における学問の危機という事態に対する意識、認識の違いだと思います。二人は12、3歳くらいしか違っていませんが、二人の間で見えているものが違ってきていた。藤田さんはイギリスから帰って来てから数年の間、自身の学問を一からやり直し始めたわけです。そうして72年に「思想史に対する疑問」と言い、73年には、「思想史をやる意味なし」と言い始める。そこで疑問だとしている思想史というのが、おそらく丸山さん流の思想史です。

加藤　一方でこの時期、丸山さんの威光は一つの頂点にありました。

市村　学問的威信は圧倒的だった。「歴史意識の古層」を発表したのは72年です。それは、これまでの研究の連続性でやむを得ない。藤田までそれをやることはない、影響を与えて申し訳ない、というわけです。しかし、藤田さんの近くにいた僕から見れば、藤田さんはまったく違った意図で勉強をやり直し始めて、学問的な生みの苦しみの中にいた。

加藤　藤田さんから「歴史意識の古層」について直接には聞いていません。

市村　評価しなかったわけです。西郷信綱と親しく交わるようになってからですが、丸山眞男の記紀理解は外からの目にすぎないと言っていますね。しかし小尾さんはそれを病人の発言として受け取っている。これ以降、藤田さんの発言は、小尾さんにとって病人としての発言になる。しかも、藤田さんが他でしゃべったことを、小尾さんに情報提供するのは掛川トミ子さんという丸山さんの側に肩入れした人でした。掛川さんは、藤田さんがこんな奇矯な発言をしていましたと話し、それにコメントを加えています。小尾さんが書き留めたのはそういう掛川さんの発言です。

加藤　たとえば、掛川さんの73年1月11日の発言。藤田さんは「"歴史思想集"（丸山論文）コテンパンに萩原氏に云っていた」というふうにある。

市村　藤田さんはおかしくなっている、という前提での言葉ですね。おそらく丸山さんの側からは、なぜ西郷さんの下に通って勉強しているのか分からなかった。だから、これは後の方ですが、M-F relationの問題、F problemの問題で、「丸山嫉妬説」が出てきます。西郷に弟子を奪われた丸山の嫉妬説。これは二人の間のpathological（病理学的）な関係を示している。僕が先ほど言った異様さの一端がこれです。72年は重要な年で、掛川さんから「（丸山）先生のF観が揺らぎだした」という情報がもたらされます。4月11日、丸山さんは掛川さんに、「何でも詫びる、その上で病院にでも、手をついてでも詫びる」と言っ

ているんです。丸山さんは責任を感じているわけです。同じ72年ですが、掛川さんが小尾さんに藤田さんの発言を伝えます。「M先生との関係、しこりは病院へのあっせんに始まる。病人扱いされたことに対し彼が嫌がる」。そして、「F曰く、それを謝れば問題はなかった」と。ところが同じ72年の8月3日、丸山さんの発言として、「甘えあり M-F relations」という一句がある。丸山さんは「Fの精神的独立を確保するためにどうしたらいいか」と、心配しているわけです。そして、掛川さんや萩原さんなど丸山さんの周辺は「先生が忍びない」とか、「先生は全責任をかぶってしまわれた」と言っている。73年の正月に集まった時に、「F甘えについて説教始める」。こんなことをお正月の集まりで話すからますます病人扱いされるわけです。僕はこの丸山眞男、藤田省三の師弟関係に pathological な面を感じます。共依存という感じが、お互いに甘え合っているという感じがします。藤田さんにしてみれば、他の人は無理でも、丸山先生には自分の学問的危機を分かってほしいという気持ちが強かった。しかし、分かってもらえないから落ちこんで爆発する。

加藤　当時二人はふだん交流のない状態だったのでしょうか。

市村　そうでしょう。この後、70年代の半ば以降、『日誌』の分量が少なくなっていくのは、藤田さんが小康状態というか、学問的には邁進しているからでしょう。F problem が『日誌』からなくなっている。丸山さんからすれば、遠くに行ってしまったなあという感じだったでしょう。ただ、丸山さんは、萩原延寿に藤田さんと付き合ってくれとかいろんなことを言っている。

加藤　病人として心配している。

市村　71年12月10日、丸山さんが掛川さんをたしなめている。「藤田省三は abnormal に見えるだろうが」、「人格崩壊的な面もあるかもしれぬが、優れた魂であり、抜群の能力であり、これを周囲の人が守らねばならぬ」。精神科医の井村恒郎の診断結果を聞いて、自分が病院について説得する、と丸山さんは言いま

す。

加藤　市村さんも藤田の人格崩壊的な面を感じていましたか。

市村　いや感じませんでした。今回『日誌』を読んで唖然としたの
は、僕が藤田省三と知り合った頃や、それから藤田さんを含
め、何人かで繰り返して研究会や読書会をやっていた頃、丸山
さんとその周辺に彼が病人扱いされていたということです。

加藤　藤田さんが周囲から病人扱いされていることは知らなかったわ
けですね。

市村　他者に厳しく、批判が激しかったのは事実です。それでも、彼
が強い問題意識のもとに古代から必死に勉強し直しているのを
見ていましたから、そのことを丸山さんのようには受け取らな
かった。学生の僕は藤田さんの姿を見て、いまは根本的なやり
直しが必要な時代なんだなと思っていました。それまで藤田さ
んについては近現代の思想史を専門とする思想史家と認識して
いました。知り合った70年代前半の頃は、専門をかなぐり捨
てて新しい勉強を始めていた。その後、一緒に読書会や研究会
で日本の古典ばかり読みました。彼にとってはそういう時代認
識だったんです。さらに、これは藤田さんの中で次第に自覚さ
れていくのですが、20世紀というものを考え直さなければい
けないということ。

加藤　そのための勉強を始めたことを「原始的蓄積」と呼んでいる箇
所がある。そういう段階の時期と認識されたのでしょう。

市村　20世紀の問い直しには時間がかかります。藤田さんがベンヤ
ミンを読み始めた頃、丸山さんは、最近藤田君はベンヤミンと
か文明批評をやっているらしい、と冷淡な見方です。これまで
やってきた政治学に背を向け、現代という時代そのものに向き
合ったのは、藤田さんの学問的転換でしょう。丸山さんが「優
れた魂」と言うなら、その魂の転換でしょう。丸山さんはそれ
が理解できなかった。というよりも、あの当時は、藤田省三の
やろうとしたことの大部分は、ほとんどの人に理解されていな
かったと思います。『天皇制国家の支配原理』や『維新の精

神』を書いた人が、なぜいま、古事記を読んでいるのだろうか
と。『日誌』の中で、藤田さんは、「自分は孤立してて、これか
らは独りでゆく」と言っています。藤田省三は、病人扱いされ
るほど奇矯なふるまいをしながら、まっしぐらに信じる道を突
き進んで行った。僕はそのラジカルさを得がたいものと思うん
です。家の中でも人の悪口ばっかり言っていましたが、それは
彼のパーソナリティーでしょう。加藤さんにはどう見えていた
んですか。やはり病気だと思っていましたか。

加藤　そう見えていました。少なくとも病的状態ではあると。

市村　丸山さんのそういう発言は聞こえてきてたでしょう。

加藤　小尾さんも丸山さんも本気で心配していたと思います。『日
誌』にも見えるように、他者に対する批判、攻撃はかなりのも
のでしたから。

市村　藤田さんがしばしば鬱状態に陥ったのは事実で、それは環境に
よって誘発されたものがあると思う。啖呵を切って大学を辞め
たけれど、生活の不安、研究者としての不安、環境の変化は大
きかったと思います。藤田さんの愛読者はがっかりするかもし
れないけど、法政を辞めた後、すぐに別の大学の職を探してい
るわけです。藤田さんはある人物を取り上げる時、さまざまな
条件とともにある函数的存在としての人間という見方を取りま
す。人間はさまざまな条件の函数なんだということですね。そ
れは単なる理屈の問題ではなく、彼一身上のリアリティがある
のではないか。病気に見えるほど、彼が身を置いた条件が厳し
かったということではないか。函数としての人間という認識
は、単に学問的・知的な問題ではなくて、一身を賭したラジカ
ルな認識だったと思うんです。さらに言えば、そういう認識が
彼の書いたいくつかの非常に優れた文章を支えている。

加藤　掛川さん自身は完全にMの側ですが、藤田さんの発言を忠実
に小尾に伝えています。その意味で、藤田さんの中に掛川さん
への信頼があります。

市村　しかし掛川さんも愛想を尽かす。むちゃくちゃ言われますから

ね。

加藤　萩原延寿も何度も間に立ちましたが、最後には降りる。自分の役目は終わったと。

市村　丸山さんからは、いや今後も藤田と付き合ってくれと。丸山さんは自分が率先して優れた魂、抜群の能力を守らなければいけないと思っている。しかし、守るという問題ではないでしょう。70年代前半という時点における丸山―藤田関係には、その周辺の人たちを含めて、いわば時代状況に対する精神的態度が記録されている。思想史的に興味深いところでしょう。

加藤　思想史的にこの『日誌』を読めば、Mental crisis と取ることも含めて、学問的危機の問題が完全に出ている。

市村　なぜ学問の危機と捉えられなかったのか。『日誌』の中で、丸山さんも変ですね。手をついて詫びるから、と。そして藤田さんも一行ポツンと言っている、僕はM先生に何か申し訳ないことをしているんだろうかって。大変申し訳ないと思っている。この師弟関係、変です。

加藤　藤田さんも「忘恩の徒にはなりたくない」とか。

市村　やっぱり、丸山先生なんです。さきほど言ったように、相互共依存です。お互いに甘えている。しかし、そういうスキャンダラスに見える関係も、そこに大事な問題がある。学問的葛藤に表われている時代の転換、それが色濃く出ていると思います。

加藤　みすずの出版物の中にもそれは出ているのですが。

5 ―「戦後」と「20世紀」

市村　60年代後半から70年代の半ばにかけて、シュミットやアーレントが集中的に翻訳出版されたことは前に指摘しました。しかし、当時シュミットやアーレントの意味をなかなか理解できなかった。それらを読み解く道筋として「20世紀」という言い

方をしたのが藤田さんです。古代に向かっていた藤田省三が、同時に20世紀と言い始めるんです。いわゆる現代思想とは異なる道筋です。その当時僕は、「20世紀と古代を往還しろ」と言われました。古典を読むと同時に、20世紀を読め、と。何を言っているのか、その時は分からなかった。75年の平凡社セミナーの受講者によると、保元物語の購読のさいに「観念の冒険（adventure of ideas）」ということを強調していたようです。藤田さんはこうした感覚を持っていた。

加藤 1983年の9月に、萩原延寿が交換委員となって、丸山眞男、ジェイムズ・ジョル（James Joll）らが参加して、国際交流基金主催の「20世紀とは何だったのか」というシンポジウムが軽井沢で開かれます。同じ年の7月25日に丸山さんがそれに触れて、自分は出席すると言っている中で、「藤田（？）おりた」と一言加えています。「？」の意味は分からないけど、おそらく、藤田さんは彼らの20世紀は自分の20世紀ではないと思ったのではないでしょうか。ベンヤミンは80年代に入っていましたか。

市村 『日誌』の中で藤田さんが口にするのは78、9年です。さきほど加藤さんが紹介された、「20世紀最高の論理家」と言い始めるのは79年です。『日誌』の72年12月17日に、藤田さんの言葉が書き留められている。「20世紀の知的・精神的・学問的集約、あるいは総括の時期である」。どこが病人なんですかね。72年はみんなから病人と心配されていた時期です。『日誌』を読んでいて奇妙なのは、病気とされた藤田さんがみすず書房に来て、知的な発言をして帰るんですね。

加藤 72年はけっこう企画について発言していますし、学問に関する洞察も多いですね。

市村 どこが mental crisis なのか。

加藤 藤田さんはその頃、『グループの社会史』『亡命の現代史』の企画に関心を持っていました。

市村 刊行されるのはいつ頃ですか。

加藤　72年。

市村　藤田さんの病気は71年の後半からひどいはずなんですが。『亡命の現代史』や『グループの社会史』は最も20世紀的な企画ですね。その後、藤田さんは20世紀というものにこだわり続けます。『日誌』で言うと、79年にアイザイア・バーリンについて藤田さんの言及があります。一言、「バーリンには20世紀がない」。

加藤　それは丸山のバーリン傾倒への批判でもあるのではないでしょうか。

市村　そうです。丸山や萩原たちは、シュミットとか、バーリンとか言っているけれど、20世紀が分かってないじゃないか。つまり、学問の危機を通過しないで20世紀が分かるか、という思いが藤田にはあるわけです。『日誌』に現れている思想史的な問題の一つは、「戦後」という枠組みです。丸山さんはこの「戦後」という枠組みをずっと持ち続けるんですね。そしてこの時期に、もう一つの思考の枠組み、「20世紀」という枠組みが姿を現し始める。『日誌』を読んでいて、やはり丸山さんは「戦後」の人だなと思う。76年に刊行された丸山さんの『戦中と戦後の間』をめぐる話は面白いですね。

加藤　タイトルが決まるまでの過程とか。

市村　アーレントの『過去と未来の間』から取ったと言いますが、丸山さんは「あとがき」でアーレントの本のタイトルを『過去と現在の間』と間違うんですね。それで刷り直しになる。

加藤　それはチェックできなかったみすずも悪いのですが。

市村　それにしても、『戦中と戦後の間』というのは奇妙なタイトルです。『日誌』の中で丸山さん自身が英訳しています。「Between pre and post war」。

加藤　萩原延寿はそれでは通じないと。のちに小尾さんが最後の著書に『昨日と明日の間』と名づけたのも、形はそれにならったのか。この本は、先に触れた1983年夏の「20世紀シンポジウム」の結論をエピグラムに掲げています。

市村　藤田さんが小尾さんに訳者を紹介したシュミットの『現代議会主義の精神史的地位』には、その訳者が自殺するということが起こりますね。「シュミットの誤訳事件」。

加藤　訳者が躁状態の中で訳して、鬱状態の時に自殺してしまった。藤田さんは、彼とほとんど一体化して、家にまで置いて翻訳させていたから、その翻訳が誤訳と指摘されたことは、非常にこたえた。

市村　『現代議会主義の精神史的地位』が刊行されたのは72年。これも72年なんですね。誤訳事件の時に藤田さんは自分がもう頭がおかしくなりそうで、「戦後精神の体得者が生きられなくなった」という一節がある。藤田さんは「戦後精神」という言い方をずっと手放さなかった。藤田さんも「戦後民主主義」だというくくり方がありますが、僕は違うと思います。相互的な生存の規範というもの、互いにどうやって生き延びるか、制度に頼らずにどうやって生き延びたらいいかというのが戦後精神の核にある。それを彼は「原人間」、Urmensch（ウアメンシュ）と呼んだわけです。制度によりかからないで、いかに互いに生存し、生き延びていくか。

加藤　そういう原人間が生まれた状況に着目した。

市村　60年代末は、新たな時代状況に対応するために、新たな思考形式が要請される時代だ、と藤田さんは直感でつかんだのだと思う。それが学問の危機という認識になるわけです。「戦後精神」を問う条件が目の前に広がったのは70年代ですね。人間はいま制度にからめとられつつある。人間は既存の制度の外でどうやって生きられるか。藤田さんはそれを明らかにするために、そして制度を相対化するために、古代と20世紀の解明に向かったはずなんです。古代と20世紀の両方から挟み撃ちにして、70年代を明らかにしようとしたのです。

加藤　それは、誰も試みたことがないもので、かなり苦しい営みだったはずですね。

市村　藤田は69年にイギリスから帰って来た後、『みすず』に「巻頭

言」の連載を始めます。10年くらい前に刊行した『藤田省三セレクション』の「解説」で書いたのですが、藤田の思考形式の転換は『維新の精神』で始まっていて、文体を含む新しい形式が発明される。70年代に姿を現した問題は、これまでの思考の枠組み、戦後的な枠組みでは捉えられなくなっている。それに応じる形で「巻頭言」に至る跳躍を行ったと思います。76年1月8日の岡和田常忠氏の発言。藤田さんの「文体の転換は『維新の精神』で模索し、みすずの『巻頭言』で形を得たと言ってよい」。これは的確です。加藤さんが、藤田さんの「巻頭言」について、「60年代が終わって、70年代が始まったのか」と言ったのは正しいんです。岡和田さんは文体と言っていますが、単に文体の問題ではない。新しい時代状況に対して、新しい思考形式が要請された。『天皇制国家の支配原理』のような形式ではもう書けない。そうした中で、アドルノやベンヤミンに出会う。

加藤 「巻頭言」の原稿を貰って、日本語の散文として、最高の部類に属すると思うとの感想をもらしたりもしました。

市村 僕が覚えているのは、78年の「吉田松陰」です。

加藤 あれは見事でした。

市村 自信があったんですね。自宅に呼ばれました。一読して、「傑作です」と言ったら、そうだろうって。ようやく70年代の後半に結実したんですね。『日誌』の79年の6月4日には、ベンヤミンが引用されて、「20世紀の論理の発見者」、と。もちろん、ベンヤミンを20世紀の論理の発見者、その「最高の論理家」と見るのが正しいかは分かりませんが。79年12月8日、ここで初めて、「decline and fallでまとめたい」とありますね。これが『精神史的考察』です。そこにたどり着くまでに、70年代いっぱいかかるんです。周囲に藤田省三のmental crisisと思われていたものが、実はmentalだけではなく、むしろそれ以上に知的なcrisisだったことが分かる。decline and fallでまとめると言った79年で、まさしく彼の70年代が終わったんで

す。そして1982年に『精神史的考察』は刊行されます。

加藤　この『日誌』は、80年代がやせ細っていく時代というのがよく見える記録にもなっています。

市村　80年代に僕が書き始めたら、藤田さんに言われました。「いまから書くのか。お気の毒様」と。

加藤　あの頃から、藤田さんは盛んに終わりの時代と言い始めている。研究会のみんなに宿題を与えて、何々の終わりについて書けといったのも、その頃の話でしょう。

市村　藤田さんが若い人を集めて作った最後の研究会も82年です。すべてが終わったということについて確認する研究会にしようと。

加藤　すべてが終わった時代を生きるのも大変だと思います。イデオロギーの意味なき時代に思想史をやるのは不可能だということと重なっていますね。

市村　たしかにお気の毒様ということになります。逆に言うと、僕は偶然で幸か不幸か、大転換に立ち会った。60年代後半から、学生時代に次から次へ『日誌』で話題になるシュミット、アーレント、バーリン、ホッファー、そしてベンヤミンも翻訳された。

加藤　アーレントの『全体主義の起源』は10年近く初刷りのままでした。

市村　読まれ始めるのは80年代半ば以降なんです。70年代初めにはどう読めばよいのか分からなかった。ただあの時に出たということが重要です。たしかに亀裂が生じてきて、見えてきたものがあったんです。それじゃなければ、永井陽之助はあのアンソロジーを作れないでしょう。

加藤　いままでの問題意識や方法ではだめだということに、永井は気付いたのでしょう。

市村　これまでの政治の捉え方ではだめだ。アーレントやシュミットを読むことの意味はそれでしょう。脇圭平さんがあの時点でウェーバーの『職業としての政治』を新訳したのも、それまでの

読みではだめだと、脇さん自身が思っていたからでしょう。藤田さんが、脇圭平を中心として、安藤英治なども呼んで、ウェーバー研究会をやろうとしますね。ウェーバーも読み直さなければいけないと思っていた。藤田さんが、丸山先生は19世紀だと言うところがあったでしょう。

加藤　アイザイア・バーリンは19世紀の思想だから。

市村　藤田省三は20世紀というものを、70年代につかみ直すわけで、その観点からシュミットもウェーバーも読み直した。丸山さんはどうだったのでしょう。『日誌』の最後、85年の終わりのところで、丸山さんは、「シュミットが亡くなった。1934年以来の付き合いだ」、と回想しています。丸山さんにとってシュミット経験は決定的で、彼の中でシュミットは大思想家であり続けたわけですが、丸山さんの中に新しいコンテクストが現れて、シュミットのつかみ直しが起きていたのかどうか。『日誌』で見る限り、60年代終わりと80年代のシュミットの話はほとんど同じ回想の仕方です。

加藤　シュミットが亡くなった1985年の『みすず』の「読書アンケート」に、丸山さんはシュミットについて、カール・レーヴィットの Der okkasionelle Dezisionismus von C. Schmitt. を挙げている。そしてそのニヒルな決断主義とオポチュニズムとの結合への見事な解明と、それが1939年に発表されていることに驚いている。『日誌』の85年6月29日に言及したシュミットへの Hass-Respect の感情については、愛憎ではなく、強いて名づければ「敵ながら天晴れ」とでも言うべきか、としている。そして、「そのシュミットもついに逝った」、と感慨深く記しました。

市村　結局、丸山思想史の「思想」とはどういうものなのか。小尾さんが知的レベルに返してしまうと言ったのは、ある意味では当たっているのではないか。

加藤　1951年の『日記』にあるあの観察はすごい。小尾が丸山をあういうふうに見ているというのは、『日記』を読むまではまっ

たく知りませんでした。本当に意外でした。

市村 とにかく29歳の小尾俊人はすごい。丸山を「得難き人」と敬意を表しながら、丸山眞男という人の冷たさや理論的な事柄にしか関心がないことに気付いた。丸山は「人間関係に対する態度が作為的で、何でも思考のレベルに還元してしまう」とばっさり。よくぞ29歳の編集者が見抜いたと思う。

加藤 見抜いた目もすごいが、その表現も的確です。

市村 また、大みそかのところに、一年間のまとめとしてその年に会った人についての感想。「丸山眞男　学者の感深し」。

加藤 小尾の丸山さんへの接し方からは、小尾がそんなふうに観察しているとは思いもよりませんでした。小尾さんが丸山さんを追悼した文「柊会のころ」で書いているのですが、会のメンバーが互いに外から見たら何に見えるかという見立て遊びで、丸山さんは特高課の刑事とみなされたというのは、何となく分かります。ちなみに小尾さん自身は長野県の小学校の先生でした。これもよく分かります。

市村 この『日誌』の記録者が小尾俊人であるということは、十分重く見た方がいいでしょう。では、小尾さんにとって、藤田省三はどう見えていたのか。実際のところは、持て余していたかもしれない。関心があったのは藤田の知的・理論的な面でなく、彼の内面とか、感情の方だったかもしれない。藤田は丸山先生の弟子ではあっても、人間としては逆だなと思ったでしょう。こちらの内面に入って来るな、と。『日誌』には、藤田の金銭感覚などが細かく記録されていますね。

加藤 お金に細かいとか、こだわるとか。

市村 原稿料のこととか。そういうところに注意が向けられ、細かく観察される。そういう問題を含めて、1951年の「日記」を念頭に置けば、やはりこの記録は、丸山眞男と藤田省三に関する全人格的記録です。特異な人間に対する独特な関心の記録です。それが家族の問題やプライベートなことまで記録している異様な日誌であることの理由です。

加藤　丸山さんがあそこまで率直に話した相手は、小尾俊人だけでしょう。小尾さんも丸山さんの前で最も自由になれると言ってましたから、お互いにそうだったのかもしれません。

市村弘正
（いちむら・ひろまさ）

1945年生まれ。中央大学法学部卒業。法政大学名誉教授。思想史。著書に『増補「名づけ」の精神史』、『増補 小さなものの諸形態』（以上、平凡社ライブラリー）、『増補　敗北の二十世紀』（ちくま学芸文庫）、『読むという生き方』（平凡社）など、編書に『藤田省三セレクション』、『論集 福沢諭吉』（以上、平凡社ライブラリー）がある。

加藤敬事
（かとう・けいじ）

1940年生まれ。東京大学文学部東洋史学科卒業。元みすず書房編集者。藤田省三『維新の精神』、アーレント『全体主義の起原』、カール・シュミット『現代議会主義の精神史的地位』、同『政治的ロマン主義』、『藤田省三著作集』などを編集した。編・解説『続現代史資料7 特高と思想検事』（みすず書房）、訳書に、王丹『中華人民共和国史十五講』（ちくま学芸文庫）がある。

おわりに

　いくつかの条件と要因が集積し連繋して、一つの知的文化的な水準を結晶させる時代がある。1970年代はそのような時代であった、と思う。1968年という年にこだわる向きもあるだろうが、それを含む「70年代」である。それは、たんに「戦後啓蒙」思想が頂点に達したということではない。そこでは「戦後」の再評価と「20世紀」の再発見とが交差する事態に示される知的学問的な地殻変動が人びとを貫いていた。その交差は今も、私たちが生きる思考の平面を形づくっているだろう。

　現在の息も絶え絶えの状態のなかで、「転換期」という観念が今も微かに脈動しているとすれば、70年代を核とするこの『日誌』の断片的な記述は、それを活性化するような動態を描き出しているだろう。そして、断片に可能性の徴表を読みとることは、私たちにとって肝要な作業にちがいない。みすず書房という小さな場所において、重要な意義をもつ思想劇が個々人の苦闘とともに展開されている。小尾俊人というすぐれた「精神の人相学」の持ち主による記録は、そのような転換期を貫く「いくつかのモティーフ」を伝えているだろう。

　その思想劇は、たんに観念的に担われたのではない。時代の転換が人びとを突き動かす感情は、たとえば鶴見俊輔が端的に「狂気」と呼ぶようなものかもしれない。1977年の竹内好の通夜の席で彼が目にした場違いなやりとりについて書きとめている。

　　通夜の席で、藤田省三は、丸山眞男を私の前につれてきて、僕が丸山さんの家に行かなくなったのは、鶴見さんの『誤解する権利』について議論をしてからですね、と丸山自身に証人になることを求めた。丸山さんは、小さくなって、そうだよと、確認して

305

いた。私は、この状態で、藤田省三の狂気のほうが、丸山眞男の
狂気をうわまわっていることを、丸山眞男が感じていると思っ
た。

（「狂気の段差」、『悼詞』所収）

　鶴見の著書が、丸山から「思想史への邪道」とみなされたことを確
認すれば、この挿話は『日誌』に記された丸山と藤田の葛藤と通い合
う意味をもつだろう。時代の課題を引き受けるとは、このような感情
のリスクを伴うものなのであろう。転形化する時代状況のなかで、人
びとはこのように動き、動かされたのだった。それは、その記録者を
も包みこまずにおかないだろう。読み手を得れば、記述のあり方のう
ちに時代の無意識の領分を読みとることができるかもしれない。

　この『日誌』には記録者本人の感想やコメントは記されていない。
彼をめぐる人たちの状況にたいする対し方を載せた言葉がひたすら記
録されていく。その言葉とふるまいの記述をつうじて人びとは独自な
他者として造形されていく、といってもいい。丸山や藤田やその周辺
の人たちが、他とは違った顔立ちを見せるのはそのためであろう。

　私たちが自身の歴史を「目の前にある、与えられた、過去から受け
渡された状況の下で」つくるほかないとすれば、半世紀近く前に書き
残された記録は、どのような状況と課題を受け渡そうとしているのだ
ろうか。どのように「現在」を照らし出すだろうか。それを注意深く
読みとりたいと思う。先人たちへの敬意とともに。

市村弘正

関連年譜

M：丸山眞男　F：藤田省三

1965（M51, F38）	F、「維新の精神」『みすず』連載開始（3～） M、「幕末における視座の変革――象山の場合」(9)
1966（M52, F39）	M、『現代日本の革新思想』（1） F、『天皇制国家の支配原理』（7）
1967（M53, F40）	F、みすず入社希望（1） F、『維新の精神』（3） F、イギリス留学（5.4）
1968（M54, F41）	東京大学卒業式中止（3）、9学部スト（6）、法学 部研究室封鎖（12）
1969（M55, F42）	安田講堂封鎖解除（1.18-19） M、監禁事件（2.24） F、帰国（3.16） F、「巻頭言」『みすず』に連載開始（6～）
1970（M56, F43）	F、法政に辞表提出（11）
1971（M57, F44）	M、東大退職（3） F、みすず書房入社（4.1～　9ヶ月） みすずセミナー開講（9）、

1972（M58, F45）　『現代議会主義の精神史的地位』(2) →誤訳事件
シリーズ「亡命の現代史」「グループの社会史」
刊行（5, 9〜）
M、「歴史意識の古層」（『日本の思想6　歴史思
想集』解説）(11)

1973（M59, F46）　M、ほぼ執筆中止

1974（M60, F47）　F、『天皇制国家の支配原理　第2版』(1)
F、『現代史断章』『維新の精神　第2版』(3)

1975（M61, F48）　F、『原初的条件』(3)『転向の思想史的研究』(5)
F、『維新の精神　第3版』(7)
F、『月刊百科』に連載（5〜）
F、平凡社で「保元物語講座」開始（9〜）

1976（M62, F49）　F、Oxfordへ（5-6）
M、『戦中と戦後の間』(11)

1977（M63, F50）　F、エディタースクールで講義開始（4〜）
M、第4回大佛次郎賞受賞（10）

1978（M64, F51）　M、『文明論之概略』講読会（7〜）
M、日本学士院会員（11）
F、「書目撰定理由―松陰の精神史的意味に関す
る一考察」(11)

—関連年譜—

1980（M66, F53）　F、法政復帰（4）

1981（M67, F54）　M、F、「平凡社再建の応援アピール」に参加

1982（M68, F55）　F、『精神史的考察』（4）
　　　　　　　　　M、『後衛の位置から』（10）

1983（M69, F56）　F、『カメラ毎日』連載（4〜）

1984（M70, F57）　M、『日本文化のかくれた形』(7)

1985（M71, F58）　カール・シュミット没（4）
　　　　　　　　　F、「安楽への全体主義」（8）

1986（M72, F59）　M、『「文明論之概略」を読む』(1-11)

1987（M73, F60）　市村弘正『「名づけ」の精神史』（4）

装丁・本文組　山田信也（スタジオ・ポット）

小尾俊人
（おび・としと）

1922年長野県に生まれる。1940年19歳で上京、羽田書店に入る。1943年12月、学徒出陣で入隊。敗戦後、みすず書房を創業。いらい編集責任者を45年つとめ、1990年に退職。2011年8月15日死去。著書に『本が生まれるまで』（築地書館）、『本は生まれる。そして、それから』、『出版と社会』（第7回パピルス賞、第29回日本出版学会賞受賞）、『昨日と明日の間──編集者のノートから』（以上、幻戯書房）、編・著書に『現代史資料1－3　ゾルゲ事件』（みすず書房）などがある。

小尾俊人日誌 1965-1985

2019年11月25日　初版発行

著者 ⋯⋯⋯⋯⋯⋯⋯ 小尾俊人

発行者 ⋯⋯⋯⋯⋯⋯ 松田陽三

発行所 ⋯⋯⋯⋯⋯⋯ 中央公論新社

〒100-8152　東京都千代田区大手町1-7-1
電話　販売　03-5299-1730
　　　編集　03-5299-1740
URL　http://www.chuko.co.jp/

印刷 ⋯⋯⋯⋯⋯⋯⋯ 図書印刷

製本 ⋯⋯⋯⋯⋯⋯⋯ 小泉製本

©2019 Makoto Obi
Published by CHUOKORON-SHINSHA, INC.
Printed in Japan　ISBN978-4-12-005251-4　C0095

定価はカバーに表示してあります。
落丁本・乱丁本はお手数ですが小社販売部宛お送りください。
送料小社負担にてお取り替えいたします。

本書の無断複製（コピー）は著作権法上での例外を除き禁じられています。
また、代行業者等に依頼してスキャンやデジタル化することは、
たとえ個人や家庭内の利用を目的とする場合でも著作権法違反です。